Tout ne se joue pas
avant trois ans

Pierre Delion

avec la collaboration de Pascale Leroy

Tout ne se joue pas avant trois ans

Albin Michel

À tous mes amis du collectif
« Pas de zéro de conduite pour les enfants de trois ans »,
et plus particulièrement au groupe des fondateurs.

Avant-propos

Il faut le dire haut et fort, et avec véhémence : tout n'est pas joué à trois ans, ou même à sept ans, le fameux âge de raison. On pensait que c'était chose entendue. Hélas, les échos de l'actualité tendent à affirmer que nous serions tellement déterminés par nos gènes et nos premières années que, passé la date fatidique des trente-six mois, le destin d'un enfant serait tout tracé. En tout cas, il serait prévisible, grâce notamment à quelques signes cliniques, essentiellement les plus « alarmants », présentés à cet âge-là.

Il ne s'agit pas pour autant de nier l'importance ni des gènes ni des trois premières années, mais d'inciter à la prudence… et à la raison ! Le développement de l'enfant est en effet pris entre des forces qui le surdéterminent et d'autres qui, au contraire, surgissant des aléas de la vie, des rencontres qu'elle propose, peuvent contribuer à changer bien des choses, offrant à chacun des possibilités de « réparation ». Ce sont ces dernières que l'on a tendance à oublier aujourd'hui.

Tout a commencé en septembre 2005. L'Institut national de la santé et de la recherche médicale (Inserm, organisation médico-scientifique puissante et justement réputée) publie alors un rapport consacré aux « troubles des conduites chez les enfants[1] ». Nous ignorons encore que fin octobre et début novembre seront chauds dans les banlieues des grandes villes françaises, le nombre de voitures brûlées n'étant qu'un indicateur très secondaire de la gravité des tensions entre les communautés humaines.

Nous ignorons également que des hommes politiques préparent des propositions rendues publiques sous forme de rapports sur « la prévention de la délinquance ». Dans le rapport Benisti[2] notamment, commandé par Nicolas Sarkozy alors ministre de l'Intérieur[3], on lit ainsi que des dispositifs doivent être mis en place, visant « à dépister, dès les trois premières années de la vie, les enfants dont l'instabilité émotionnelle (impulsivité, intolérance aux frustrations, non-maîtrise de notre langue) va engendrer cette violence et venir alimenter les faits de délinquance ».

Parmi les propositions de dispositifs : « Des suivis sanitaires et médicaux réguliers doivent être opérés dans les structures de garde de la petite enfance pour détecter et prendre en charge, dès le plus jeune âge, ceux qui montrent des troubles comportementaux. Les services de protection maternelle infantile (PMI) peuvent alors

1. Cf. l'article paru dans *Le Monde*, du 23 septembre 2005 sous la signature de Cécile Prieur.

2. Benisti J. A., « Rapport préliminaire de la commission de prévention du groupe d'études parlementaire sur la sécurité intérieure », 20 janvier 2005.

3. *Le Monde*, 20 janvier 2006.

entrer en action. » En quelques phrases, tout est dit, ou presque. On nous montre comment on peut passer d'une politique de prévention nécessaire et bien articulée avec la santé publique, notamment en matière de souffrance psychique, à une politique de détournement des forces sanitaires et médico-sociales pour un travail de dépistage à visée prédictive des troubles du comportement. À partir de tels rapports, il peut paraître simple de déterminer les aides aux enfants concernés, les devoirs qui doivent s'imposer à leurs parents et, surtout, de dresser la liste des futurs suspects de la délinquance, en banlieue et ailleurs. Au passage, il est bon d'incriminer tous les services centrés sur l'enfance, responsables d'avoir laissé « échapper » les responsables des événements de 2005 lorsqu'ils étaient encore jeunes et qu'il était temps de les « redresser ».

À partir de là, le doute n'est plus possible : les conclusions et propositions du rapport de l'Inserm et, plus encore, l'utilisation qui peut en être faite par des hommes politiques plus pressés d'obtenir des semblants de résultats que rigoureux sur le plan éthique rendent ce rapport extrêmement dangereux, même si, pour l'instant, il semble avoir été mis de côté, au moins en partie. Il n'empêche que, comme on dit, le ver est dans le fruit…

Lorsque l'on reprend les attendus du rapport, les professionnels sont invités à repérer des facteurs de risques prénataux, périnataux, génétiques, environnementaux et liés au tempérament et à la personnalité, comme par exemple des « traits de caractère tels que la tendance à la manipulation, le cynisme » et la « notion d'héritabilité du trouble des conduites ». Plus inquiétant encore, les enfants de trente-six mois présentant des symptômes d'« indocilité, hétéroagressivité, faible contrôle émotionnel, impulsivité, indice de moralité bas » seraient soumis à une batterie de tests, élaborés sur la base des théories de neuropsychologie comportementaliste qui permettent de repérer toute « déviance » à une norme établie selon les critères de la littérature scientifique anglo-saxonne. Avec une telle approche déterministe du développement et suivant un implacable principe de linéarité, le moindre geste d'opposition, les premières bêtises risquent d'être interprétés comme l'expression d'une personnalité pathologique. Il conviendrait alors de les neutraliser au plus vite par une série de mesures associant rééducation et psychothérapie ; et, en attendant leur disparition, ils seraient notés dans un carnet de santé aux objectifs renouvelés. L'administration de médicaments, psychostimulants et thymorégulateurs (régulateurs de l'humeur), devrait permettre de venir à bout des plus récalcitrants, à partir de six ans.

L'expertise Inserm, en médicalisant à outrance des phénomènes d'ordre éducatif, psychologique et social, entretient la confusion entre malaise social et souffrance psychique. La problématique n'est pas nouvelle, hélas. Un auteur comme Jean-Pierre Lebrun avait déjà attiré notre attention dans un texte fort et profond, *Un monde sans limite*[1]. À la suite des critiques fondamentales de Michel Foucault, Roland Gori et Marie-José Del Volgo

1. Lebrun J.-P., *Un monde sans limite*, Érès, 1997.

parlent de « biopolitique » et proposent le concept de « santé totalitaire[1] ». Plus récemment, les premiers rédacteurs de la pétition s'élevant contre le rapport Inserm, *Pas de zéro de conduite pour les enfants de trois ans*, Christine Bellas Cabane et Pierre Suesser, dénonçaient courageusement les tendances dangereuses d'un tel projet de société : « En stigmatisant comme pathologique toute manifestation vive d'opposition, inhérente au développement de l'enfant, en isolant les symptômes de leur signification dans le parcours de chacun, en les considérant comme facteurs prédictifs de délinquance, l'abord du développement singulier de l'être humain est nié et la pensée soignante risque d'être standardisée voire robotisée à des fins politiques, sécuritaires. Au contraire, plutôt que de tenter le dressage ou le rabotage des comportements, il convient de reconnaître la souffrance psychique de certains enfants à travers leur subjectivité naissante et de leur permettre de bénéficier d'une palette thérapeutique plus variée, quand bien même c'est la thérapeutique qui peut apporter une solution, ce qui n'est pas toujours le cas, en association avec les aspects pédagogiques, éducatifs, et sous l'égide de la fonction parentale[2]. »

Mon propos n'est pourtant pas de minimiser les choses. Les symptômes évoqués sont évidemment préoccupants. C'est le cas de la froideur affective d'un enfant venant de

---

1. Del Volgo M.-J., Gori R., *La Santé totalitaire, essai sur la médicalisation de l'existence*, Denoël, 2005.

2. Collectif, *Pas de zéro de conduite pour les enfants de trois ans*, Érès, 2006, p. 14.

faire une grosse bêtise et ne semblant pas en éprouver le moindre regret vis-à-vis des victimes de son acte ; et de la grande impulsivité, cette difficulté à contenir en soi le moindre mouvement envieux… S'il est important de repérer ces signes, encore faut-il savoir dans quel but : est-ce pour mettre en place des stratégies visant à les comprendre afin de mieux les amender ou est-ce, au contraire, pour en faire des marqueurs prédictifs d'une délinquance future ? La réponse à cette question ne souffre pas la moindre ambiguïté de la part des pédopsychiatres, de leurs équipes soignantes et des professionnels de la petite enfance. Ils sont là pour (aider à) comprendre, et c'est à cette seule condition que leur fonction peut rester crédible sur un plan éthique et utile sur un plan thérapeutique. En effet, comment imaginer des parents venir à notre rencontre pour se faire aider, tout en sachant que la consultation risque d'étiqueter leur enfant « futur délinquant » et d'avoir des conséquences de type répressif pour lui comme pour eux-mêmes (école des parents obligatoire, suspension des allocations familiales…) ?

Introduction

Parce qu'ils sont emblématiques des questions qui traversent la pédopsychiatrie aujourd'hui, et parce qu'ils ont été mis en débat à la suite des rapports très contestés de l'Inserm, je vais m'attacher dans cet ouvrage aux deux grandes situations dans lesquelles un enfant peut présenter un trouble du mouvement et des « agirs » : les troubles avec hyperactivité ou instabilité psychomotrice[1] et le trouble des conduites ou trouble des comportements[2]. Dans la classification américaine, le DSM IV, les troubles « déficit de l'attention et comportement perturbateur » occupent l'un des chapitres de la description des troubles psychiatriques, au même titre que les troubles envahissants du développement (passant en revue les différentes formes de l'autisme) et que les troubles de l'alimentation (anorexie, boulimie). Y sont décrits successive-

1. L'appellation par des vocables différents, hyperactivité ou instabilité psychomotrice, des mêmes signes cliniques n'est évidemment pas due au seul hasard, nous le verrons.

2. Même remarque.

ment « le trouble déficit de l'attention/hyperactivité », « le trouble des conduites », « le trouble oppositionnel avec provocation » et « le comportement perturbateur non spécifié ». Ces descriptions sont faites à partir de ce que l'observateur voit devant lui pendant l'examen clinique. Elles font abstraction active de toute réflexion psychopathologique et se privent ainsi délibérément d'un repérage de la structure du sujet, afin de penser le soin à venir. S'agit-il d'un enfant présentant un trouble grave de la personnalité dont ce symptôme est un tout petit indicateur, ou bien d'un enfant névrosé passant par un moment difficile et dont le symptôme sert d'appel sans paroles ? Pour un professionnel expérimenté, ces descriptions cliniques ne deviennent significatives qu'à condition de les référer à l'âge de l'enfant. Or l'introduction de cette classification américaine précise que « proposer une section à part pour les troubles dont le diagnostic est habituellement porté dès la première enfance, la deuxième enfance ou l'adolescence, est un exercice de pure forme et n'est pas censé suggérer qu'il existe une distinction claire entre les troubles de l'enfant et les troubles de l'adulte[1] ». C'est pourtant bien sur cette distinction que repose toute la réflexion des pédopsychiatres, et de tous ceux qui sont préoccupés de psychopathologie et de psychologie développementale. Un simple exemple, celui du vol. Passons sur le cas toujours possible d'un Jean Valjean, héros des *Misérables*, qui vole pour sa survie et celle de sa famille, pour nous intéresser à des situa-

1. Mini-DSM IV, *Critères diagnostiques*, Masson, 2000, p. 49.

tions plus fréquentes. Un adolescent peut voler parce qu'il présente une kleptomanie névrotique, c'est-à-dire une impulsion à voler, sans pouvoir empêcher ce geste d'aucune manière. Mais, dans d'autres cas, l'adolescent, en volant, souvent d'une façon brutale, révèle sa structure psychopathique, avec le risque de délinquance qui y est habituellement attaché. Il est important de pouvoir différencier ces formes de vol pour en comprendre les raisons et y apporter les réponses adéquates en fonction de chaque cas particulier. Un enfant de trois ans, ou même de six ans, qui vole se trouve dans des situations très sensiblement différentes de ces adolescents. S'attacher à différencier ce trouble des conduites qu'est le vol en fonction de l'âge de l'enfant est-il un « exercice de pure forme » ? Non, bien au contraire, ce souci fait la raison d'être des professionnels de l'enfance qui vont observer ces comportements, essayer de les comprendre avec les parents et, quand ces derniers le souhaitent, les aider à tenter d'en modifier l'évolution lorsqu'ils apparaissent chez leurs enfants. J'irai même plus loin : c'est par de telles expériences que l'enfant domestique progressivement sa toute-puissance infantile[1], si toutefois les parents la limitent en expliquant comment et pourquoi ses comportements ne sont pas possibles dans le groupe social auquel il appartient. Un petit garçon prend une pièce dans le porte-monnaie de son père ou de sa mère ; le parent lui dit que l'on ne doit pas faire ça. Ainsi, le

1. Lire à ce propos l'ouvrage de Marcelli D., *L'Enfant, chef de famille*, Albin Michel, 2003.

petit intériorise que, puisqu'il peut prendre du pain dans la huche sans s'attirer cette réflexion, il y a donc une différence entre la pièce de monnaie et le pain. Mais il a quelquefois besoin de vérifier ce qu'il commence tout juste à comprendre. Donc, il recommence et reprend une pièce. Cette fois, le parent lui explique que prendre de l'argent dans le porte-monnaie de quelqu'un, ça s'appelle voler, et que le vol est interdit. Le garçon a d'abord appris la théorie, puis il a fait les travaux pratiques, et maintenant il a compris que sa conduite devait intégrer la limitation de certaines de ses envies. Pour apprendre, l'enfant a besoin d'expérimenter, d'autant plus qu'il en est encore au stade de l'intelligence préopératoire tel que l'a décrit Piaget. Cette période, qui s'étend de l'âge de deux ans jusqu'à sept ans environ, se caractérise par l'apparition et le développement de la fonction symbolique ; c'est elle qui permet l'évocation des objets associés à une expérience significative. Ainsi prendre de l'argent devient synonyme de vol.

Paradoxalement, quand l'enfant est petit, un écart de conduite est donc plutôt une bonne expérience, à condition que les parents ou ceux qui en tiennent lieu puissent s'en servir pour l'aider dans son développement. Plus généralement, dans les cultures où la liberté existe, on peut transgresser à tout âge. Mais l'important est que chacun connaisse le risque qu'il encourt alors. Si la liberté s'arrête là où commence celle de l'autre, la transgression s'arrête quand elle connaît et rencontre la limite. Et c'est bien là que toute une philosophie de la vie se révèle : il faut accompagner les personnes pour réfléchir avec elles à ce qu'elles ont fait plutôt que de continuer à poser en permanence des radars comportementaux généralisés sur les routes de leur développement, visant à punir là où il faut au contraire, me semble-t-il, aider à comprendre. Michel Foucault, dans *Surveiller et punir*[1], avait déjà bien montré comment se sentir et se savoir surveillé « de partout », sans voir celui qui surveille ni comment il le fait, appartient à la logique du « panoptique » de Bentham. Ce modèle panoptique est constitué par une prison en étoile, avec en son centre, un gardien dans une pièce aux vitres sans tain, lui permettant de voir sans être vu. Chaque prisonnier sait dès lors qu'il peut toujours être observé, à chaque seconde, grâce à un système de surveillance d'une efficacité redoutable. Aujourd'hui, la pose de caméras de surveillance dans les lieux publics, « justifiée » par la menace terroriste, la multiplication des radars sur les routes, « justifiée » par la sécurité routière, mais aussi les contrôles d'identité peu amènes (et bientôt génétiques ?), « justifiés » par la lutte contre l'immigration clandestine… ne sont pas sans évoquer le panoptique de Bentham – et autres prophéties orwelliennes. Ce philosophe précurseur avait déjà analysé le ressort intime des systèmes totalisants, voire totalitaires : perpétuer la dépendance et la soumission absolues au maître au détriment de l'autonomie relative et de son corollaire, la liberté. Pour le dire en termes freudiens, plus le « surveiller et punir » tient

1. Foucault M., *Surveiller et punir, Naissance de la prison*, Gallimard, 1975.

lieu d'éducation, plus le sujet aura besoin d'être surveillé en permanence et puni par un surmoi extériorisé. Mais l'éducation au vrai sens du terme n'est pas cela : elle doit au contraire enseigner pas à pas à l'enfant à intérioriser les expériences de limitations successives, afin qu'il puisse de lui-même adapter son comportement aux lois sociales. Précisons ici que l'idée d'un enfant « parfait », qui pourrait intérioriser (de lui-même, ce serait encore mieux) tous les interdits et ne jamais franchir la « ligne jaune », relève du pur fantasme et conduit tout droit à des risques de décompensations graves. Ainsi, certains enfants et adolescents présentant des troubles obsessionnels compulsifs (TOC) passent l'essentiel de leur temps à se créer des rituels, qui sont autant de limites leur permettant de ne pas se laisser aller à accéder à leur propre désir. Mais cela n'a qu'un temps : à bout d'énergie, il arrive qu'ils « craquent », tentent de se suicider ou se sentent persécutés en permanence.

Nul doute que, pour un petit en développement, les expériences du mouvement, du déplacement, de l'attention portée au monde, même quand elles paraissent excessives, sont nécessaires pour qu'il puisse prendre possession de la « maison de son corps ». C'est en les expérimentant que l'enfant découvre peu à peu les différentes fonctions de son corps au fur et à mesure de son évolution. Parmi elles, la locomotion, la possibilité d'écouler son excitation interne par la mise en mouvement de sa musculature et de sa motricité, la vivance émotionnelle qui passe par ces mises en jeu corporelles, sont autant de modalités qui lui donnent l'occasion de découvrir le monde. L'image qu'il va s'en faire petit à petit, consciente et inconsciente, va lui servir de « répertoire » personnel dans lequel il inscrira les différentes expériences dans telles ou telles circonstances : un jour j'ai vu un coucher de soleil au bord de la mer et cela m'a donné une telle émotion que j'ai eu envie de courir sur la plage, et une autre fois j'ai assisté au transport d'une brindille par une fourmi et là, au contraire, je suis resté sans faire le moindre geste, à regarder ce spectacle miniature. Quand, plus tard, l'enfant sera confronté à d'autres expériences émotionnelles, il les rangera dans sa mémoire en fonction de ses expériences précédentes. Et cela lui permettra alors de disposer d'une vaste palette de souvenirs, conscients et inconscients, pour l'aider à découvrir et orienter son avenir plus sereinement.

Tous les enfants n'ont donc pas le même répertoire. Pour certains, le mouvement, l'activité, les actions concrètes seront l'aune à laquelle mesurer leurs expériences. Dans ces cas, pour montrer leur ressenti, ils peuvent avoir des réactions qui vont du peu mobile au très mobile, de l'actif à l'hyperactif, du comportement inhibé à la conduite démonstrative. Pour autant, peut-on retenir l'idée qu'ils pourraient être « malades » de leur motilité, hyperactifs, hyperkinétiques ou présenter un trouble des conduites ? Parfois, et ce sont eux qui, peut-être, viendront remplir les critères du syndrome « hyperactivité avec ou sans déficit de l'attention » ou du « trouble des conduites ». Dans d'autres cas, l'enfant n'aura d'autres moyens de se débarrasser de sa tension interne que l'urgence d'un acte, ou un passage à l'acte. Il peut se présenter sous la forme d'un trouble des conduites, mais aussi sous la forme d'une action socialement valorisée. On peut alors penser que le processus de sublimation est à l'œuvre. L'exemple de *Terminator*, film culte de la science-fiction, est intéressant à ce titre. John Connor, le futur héros qui arrivera à empêcher les robots de prendre le contrôle de la Terre, est d'abord un adolescent qui présente quelques troubles des conduites, tels que le vol de cartes de crédit. Pourtant, c'est lui qui va aussi se préoccuper des autres au point de se mettre lui-même en péril à de nombreuses reprises pour les sauver.

C'est à partir de ces simples constatations que de grands éducateurs comme Anton Makarenko[1] et Fernand Deligny[2] ont pu réaliser des choses remarquables avec les jeunes délinquants. Faire un acte, entreprendre une action, être actif, hyperactif, avoir un comportement plus ou moins remarquable, présenter un trouble des conduites sont autant de variations sur le thème de l'agir et de la motricité. Et avant d'en conclure à une pathologie, il faut comprendre que son âge, le moment de son développement, ses expériences propres, son histoire personnelle, son contexte familial, mais aussi son patrimoine génétique et sa plasticité cérébrale, sont autant de paramètres avec lesquels l'enfant va jouer pour en faire une synthèse qui lui convient, à la manière d'un artisan amé-

1. Makarenko A., *Poèmes pédagogiques, Œuvres*, Éditions de Moscou, 1967.
2. Deligny F., *Les Vagabonds efficaces*, Michon, 1947.

liorant son outil au fur et à mesure de son utilisation. Mais sous le prétexte que quelques-uns d'entre eux sont hyperactifs, hyperagissants, doit-on dans le même mouvement – c'est le cas de le dire – faire entrer dans cette catégorie tous ceux qui se servent de leur motricité pour être-au-monde avec un certain style, notablement différent de celui de l'enfant sage ? Ce dernier est d'ailleurs d'autant plus idéalisé qu'il devient rare ! Nous verrons qu'il y a lieu de distinguer l'enfant qui met au point sa propre synthèse par le jeu de sa psychomotricité et celui qui présente une souffrance psychique dont les comportements à base d'agir sont les symptômes.

Arnold est hyperactif et a des troubles du comportement

Arnold a onze ans. Il vient en consultation, accompagné de son père et de sa mère, pour de graves troubles du comportement. Il entre dans le bureau en baissant la tête et tend à peine la main pour nous dire bonjour ; il a déjà vu tellement de médecins qu'il semble avoir pris l'habitude de se retirer dans sa carapace. Cette nouvelle consultation est pourtant différente des autres : nous sommes en effet deux, un neuropédiatre et un pédopsychiatre[1], pour le recevoir. Le cas n'est pas rare : nous recevons régulièrement

---

1. Le Pr Louis Vallée, neuropédiatre, et moi-même assurons une consultation commune au CRHU de Lille depuis plusieurs années.

ensemble des enfants présentant des pathologies concernant ces deux disciplines : certains souffrant d'épilepsie grave avec un fort retentissement psychologique ; d'autres, atteints d'un trouble du développement dans lequel les aspects neurologiques et psychologiques sont entremêlés ; d'autres encore présentant des instabilités psychomotrices et des troubles de l'attention complexes.

Arnold est suivi depuis quatre ans par un neuropédiatre pour instabilité psychomotrice. Ayant posé le diagnostic d'hyperactivité avec troubles de l'attention, celui-ci a prescrit un médicament de type amphétaminique (le métylphénidate, plus connu sous le nom de Ritaline). Ce traitement a eu assez rapidement de bons résultats sur les deux symptômes et l'état d'Arnold s'est amélioré. Pourtant, malgré ses potentialités réelles, il a les plus grandes difficultés à se conformer aux apprentissages scolaires et stagne en CM1. Il a également du mal à instaurer des relations satisfaisantes avec ses pairs. À la fin de l'année précédente, les instituteurs avaient été très embarrassés par cet enfant doué mais peu efficace sur le plan scolaire et relationnel. À la rentrée, les résultats déjà peu brillants se sont effondrés et Arnold a commencé à présenter des crises de colère clastiques (avec violence et bris d'objets), étonnant tout son entourage par ce comportement totalement inhabituel chez lui, considéré, depuis son traitement, comme un petit garçon plutôt gentil et prévenant. Il a injurié son institutrice qui lui demandait d'attendre pour répondre à une question, lancé un couteau sur un camarade qui parlait avec son voisin ; il se met à hurler à la moindre réflexion, déchire ses cahiers lorsqu'ils portent des appréciations peu flatteuses… Devant la multiplication des crises, plusieurs fois par semaine, les enseignants ont déclaré qu'ils ne souhaitaient pas garder Arnold dans leur établissement.

Tandis que les parents racontent l'histoire de leur fils, avec beaucoup d'émotion, celui-ci semble sur une autre planète et regarde dans le vide comme si nous n'étions pas là et que cela ne le concernait pas. Les choses changent quand son père commence à parler de son métier. Il est inventeur ; sa première invention brevetée lui a rapporté beaucoup d'argent mais elle a été suivie de tentatives moins glorieuses et, depuis quelques années, il jongle sur le plan financier. En l'entendant, Arnold se met à sangloter et s'écroule sur les genoux de sa mère. Elle lui caresse doucement les cheveux tandis que le père s'efforce de le calmer : « Tu sais que ça va aller maintenant, on en a parlé tous ensemble en famille ce week-end. Ne pleure pas. » Mais Arnold continue de pleurer à chaudes larmes. Quand enfin il s'arrête, je lui demande s'il peut nous dire ce qui lui fait si mal et il répond, avec une petite voix : « Je ne veux pas que papa parle de ses inventions, je ne supporte pas. »

Il s'avère que, dans cette famille, tous les problèmes sont discutés en présence et avec la participation des sept enfants, chacun étant incité à donner son avis avant toute prise de décision. Ce fonctionnement ne laisse pas les enfants à l'écart des préoccupations des adultes. Pour les deux aînés, cela n'a apparemment pas eu de conséquences, pas plus que pour les deux benjamins, encore trop jeunes. En revanche, Arnold, un de ses frères et une de ses sœurs souffrent d'hyperactivité et, s'ils sont suivis par des médecins différents, tous trois prennent le même médicament.

La souffrance psychique d'Arnold est intense. Elle s'est d'abord exprimée sous forme d'hyperactivité avec troubles de l'attention, puis sous forme de difficultés comportementales, de type trouble des conduites. Au moment de la consultation, il apparaît que ces troubles sont les signes d'une dépression grave qui résulte pour partie de l'impossibilité des parents à protéger leurs enfants de leurs soucis spécifiques d'adultes.

À l'issue de la consultation, l'arrêt de la Ritaline est proposé et un suivi psychothérapeutique est bientôt entrepris. Quelques mois plus tard, l'état dépressif d'Arnold et les troubles qui l'accompagnaient ne seront plus qu'un mauvais souvenir.

Durant tout le suivi, les parents ont continué à venir régulièrement aux consultations du pédopsychiatre afin de travailler sur la nécessaire déconfusion des places et des rôles à opérer au sein de la famille. Lors d'une des dernières, ils nous ont appris que leurs aînés venaient de leur demander de finir leurs études secondaires en internat. Se tournant vers eux, Arnold leur a demandé en souriant : « Vous croyez qu'ils ont entendu tout ce qu'on a dit ici ? »

Cette histoire est intéressante à plus d'un titre. La première expression de la souffrance psychique peut être lue comme un syndrome d'hyperactivité avec déficit de l'attention. Dans ce cas, nombre de médecins prescrivent habituellement une chimiothérapie exclusive. Si elle peut s'avérer utile, il est en revanche plus que souhaitable qu'elle soit accompagnée d'un travail psychique spécifique. Si le médicament, en effet, traite les symptômes, la psychothérapie est là pour aider le patient à les décrypter et à en trouver le sens.

En ce qui concerne Arnold, le fonctionnement familial le soumet à des contraintes externes provoquant un afflux d'émotions et d'excitations qu'il ne peut pas transformer. Les difficultés financières du père ne font qu'accroître sa tension interne et, dans le même temps, l'hyperactivité se complique de passages à l'acte qui peuvent être rangés dans la rubrique « trouble des conduites ». De ce fait, il est renvoyé de son école et se retrouve chez lui avec un niveau de CM1, malgré son bon niveau intellectuel. Il va alors révéler un état dépressif majeur. C'est bien la prise en compte de tous ces éléments qui va permettre de redonner du sens à son histoire et, en appui sur les forces parentales, il retrouvera progressivement un état psychique compatible avec un développement rasséréné. La succession des différents types de signes (hyperactivité, trouble des conduites, dépression) montre à l'envi que ces pathologies ne peuvent pas être comprises uniquement de l'extérieur, à partir de ce qui se donne à voir. Elles nous imposent de penser ces symptômes comme des expressions variables de la souffrance psychique d'un être en développement.

Il va sans dire que de tels problèmes sont toujours complexes. Mais contrairement à la complication, sa cousine germaine dépressive et tatillonne, la complexité nous permet de mettre en forme les descriptions multiples de la réalité. Elle nous évite surtout toute simplification aussi ridicule qu'inefficace. Simplification dont les enfants, et avec eux leurs parents, sont les premières victimes, à plus forte raison quand les petits sont l'objet de prophéties à la six-quatre-deux, faisant planer sur eux des enjeux trop lourds pour leurs jeunes épaules.

1

Instabilité psychomotrice ou hyperactivité avec ou sans déficit de l'attention ?

Les enfants que je rencontre en consultation présentent de plus en plus souvent des difficultés rassemblées sous le terme général d'« instabilité psychomotrice ». Dans cet ensemble, il faut pourtant distinguer l'instabilité psychomotrice et l'hyperactivité avec ou sans déficit de l'attention, qui nécessitent des approches cliniques et thérapeutiques sensiblement différentes. La première est, le plus souvent, le symptôme d'une difficulté de développement de l'enfant, dont les lignes de force s'originent dans la dépression. La seconde est, pour certains chercheurs, à rapprocher de lésions cérébrales minimes, notamment en raison de corrélations anatomo-fonctionnelles avec le syndrome frontal, une maladie neurologique qui peut survenir à la suite d'un trauma ou d'une tumeur et dont quelques signes cliniques sont identiques à ceux de l'hyperactivité, notamment les troubles de l'attention. Il me semble donc très important de faire la différence entre ces deux pathologies qui peuvent se présenter sous la même apparence mais ne relèvent pas de la même réponse thérapeutique. Seule la consultation approfondie permet de conduire à un diagnostic et à un traitement. La chimiothérapie pourra être utile principalement dans le cas de l'hyperactivité, mais, dans les deux cas, un travail psychothérapeutique est souhaitable.

Dans mon expérience, la psychopathologie de la dépression est très majoritaire et je propose alors à l'enfant et à ses parents un travail qui peut se décliner sous plusieurs formes, de la psychothérapie la plus classique à une prise en charge psychothérapeutique en psychomotricité par exemple. Mais il arrive aussi que je rencontre une hyperactivité avec troubles de l'attention. Si cela m'apparaît nécessaire, ce qui est beaucoup plus rare que les chiffres de la consommation mis en avant par les laboratoires pharmaceutiques, je peux être amené à prescrire un traitement par psychotrope, comme le méthylphénidate (dans les limites autorisées par la législation française[1]). Mais je ne réduis jamais les soins à cette seule prescription et propose toujours un travail psychothérapeutique. Je suis en effet persuadé que, dans de telles situations, l'enfant a également besoin de comprendre ce qui lui arrive pour mieux réussir à prendre progressivement en

1. En raison du nombre réduit d'expérimentations effectuées chez les enfants, en France, très peu de médicaments sont autorisés, ce qui limite heureusement leur prescription intempestive. Cependant quelques-uns le sont, sous conditions : pour le méthylphénidate notamment, nécessité d'une prescription par un médecin hospitalier neuropédiatre ou pédopsychiatre, quitte à ce que le généraliste puisse assurer les renouvellements dans la limite d'une année au maximum. Ces conditions forment ce que l'on appelle une AMM ou autorisation de mise sur le marché.

main sa trajectoire vitale. Les médicaments pouvant entraîner chez lui des modifications intenses de comportement (il devient plus attentif) ou d'humeur (il peut « enfin » connaître des moments d'intériorisation et, de ce fait, parfois des moments dépressifs passagers), il est essentiel de l'accompagner sur le plan psychique afin qu'il puisse (ou non...) les intégrer dans sa vie quotidienne.

« Arrête de bouger, écoute-moi, stop, tu me fatigues, non, ne fais pas ça, sinon... » La vie d'un enfant hyperactif est sans cesse ponctuée de ces injonctions tentant de mettre des limites à son agitation. La prescription de psychotropes va changer sa vie, au moins sur ce plan-là, et il va ainsi être mis en demeure de réintégrer en lui toutes ces données surmoïques qui, depuis plusieurs années parfois, venaient de l'extérieur. Autrement dit, il va reprendre à son compte la réalité éducative antérieure et, à mon sens, cela fait partie du travail psychothérapeutique.

Pour comprendre comment les enfants intègrent ce médicament dans leur vie psychique, je leur demande parfois de faire des dessins. Si certains représentent le trajet du médicament dans leur corps, d'une façon relativement physiologique, il est passionnant de voir que d'autres laissent directement parler leur vie fantasmatique, le médicament allant, par exemple, directement vers leurs mains et leurs jambes, ou dans leur tête. C'est d'ailleurs sur ces éléments de communication que sont les jeux et les dessins que Melanie Klein avait basé son pari de la psychothérapie des enfants.

Les différentes cliniques de l'« hypermouvement »

Aujourd'hui, il existe deux cliniques en pédopsychiatrie : l'une, très actuelle, est celle des classifications, présentant les troubles à partir des traits communs observés entre les différents patients. Elle est certes nécessaire, comme une base pour se repérer, mais présente l'inconvénient d'être généralisatrice. À côté, une autre clinique continue d'exister, plus classique et plus individualisée parce que centrée sur le sujet. Il me semble impossible de faire l'impasse sur celle-ci. En consultation ou en thérapie, l'observation la plus approfondie et la description la plus fine possible des signes cliniques d'un enfant particulier permettent certes de situer celui-ci dans telle catégorie diagnostique de la classification, mais, surtout, elles le font exister en tant que sujet singulier. En effet, les signes cliniques valent aussi pour leur contenu. Certains peuvent le « classer » dans la catégorie des hyperactifs, mais sa manière de les présenter, son style en quelque sorte, contient un message que la psychothérapie se donne la tâche d'élucider. Si les signes cliniques ou les symptômes sont bien des bouteilles jetées à la mer, le pédopsychiatre ne doit pas se contenter de les recueillir, mais avant tout en lire les messages et faire savoir à l'enfant qui les a envoyés qu'il les a bien reçus, afin d'entreprendre immédiatement les recherches pour le retrouver.

Les classifications actuelles

Nous disposons actuellement de trois grands systèmes de classification.

La classification française des troubles mentaux de l'enfant et de l'adolescent (CFTMEA[1]) est apparue sous l'impulsion de Misès dans les années 1970-1980, dans un contexte imprégné de psychopathologie freudienne et porté concrètement par la mise en place des secteurs de psychiatrie de l'enfant et de l'adolescent dans toute la France. Elle a comme projet de mettre en rapport les signes de maladies présentés par l'enfant avec sa structure. Ainsi, pour un symptôme de dépression, la prise en charge sera très différente selon que l'enfant a une structure psychotique ou une structure névrotique. L'hyperkinésie et les instabilités psychomotrices qui nous intéressent ici y sont caractérisées par « des difficultés à fixer l'attention, un manque de constance dans les activités et un certain degré d'impulsivité, une hyperactivité ou une agitation motrice incessante » en précisant bien qu'il faut exclure de ces troubles l'activité excessive adaptée à l'âge, chez les petits notamment.

Les deux autres classifications internationales résultent d'une volonté de disposer de références communes en matière de critères de recherches en psychiatrie. La première, la classification internationale des maladies

---

1. Misès R., Quemada N., *Classification française des troubles mentaux de l'enfant et de l'adolescent/Classification internationale des troubles mentaux et du comportement*, CTNERHI, 1993.

(CIM10[1]), est l'œuvre de l'OMS et rassemble donc différents pays, tandis que le DSM IV[2] est proposé par l'American Psychiatric Association. Mais toutes deux ont une visée uniquement descriptive, sans prétention explicative. Il s'agit avant tout de méthodologie statistique, ce que l'on oublie trop souvent. Pourtant, le parti pris de ne pas mettre en rapport les signes décrits avec une structure psychopathologique peut aboutir à une psychiatrie uniquement descriptive. Or la psychiatrie a pour but, non seulement de décrire les pathologies, mais surtout de les soigner. Aujourd'hui, le risque est grand de se contenter de la seule description, qui pourrait justifier à elle seule une prescription standard.

Le DSM IV est incontestablement la classification qui va le plus loin dans la description presque factuelle. Il ne relève pas moins de dix-huit « symptômes » regroupés sous les rubriques « inattention » et « hyperactivité/impulsivité ». On trouve ainsi, en vrac pourrait-on dire : « fait des fautes d'étourderie dans les devoirs scolaires ; se laisse facilement distraire par des stimulus externes ; a des oublis fréquents dans la vie quotidienne ; court ou grimpe partout dans des situations où cela est inapproprié ; agit souvent comme s'il était "monté sur ressorts"... » Pour poser le diagnostic des troubles hyperactivité avec déficit de l'attention (THADA), il suffit de pouvoir

1. CIM 10/ICD 10, *Classification des troubles mentaux et des troubles du comportement*, Masson, 1993.

2. DSM IV, *Manuel diagnostique et statistique des troubles mentaux*, Masson, 1996.

additionner au moins six symptômes dans chacune des deux rubriques, soit douze au total. On conviendra que la méthode a l'avantage d'être simple puisqu'elle se résume à un calcul somme toute enfantin. Mais elle est avant tout artificielle et peu valide sur le plan psychopathologique.

Description clinique « classique »

On ne le répétera jamais assez : la clinique ne peut se réduire à cette description photographique des symptômes apparents. Il est nécessaire de l'aborder aussi d'une façon dynamique, avec l'idée qu'elle doit permettre d'accéder en profondeur à un enfant particulier en souffrance psychique. Christian Mille[1], dont je me suis fortement inspiré avec son accord, présente ainsi les éléments cliniques :

• L'instabilité motrice

C'est un enfant qui a « la bougeotte », ce que le clinicien qui le reçoit constate aussitôt. Il est très rapidement « en mouvement », conduit par une logique qu'il n'exprime pas habituellement par le langage et qui l'amène à être non pas sujet, mais objet de réprimandes de la part de ses parents. Ceux-ci disent que son comportement présent est « celui qu'il a tous les jours à la maison et à l'école » et qu'« il faut absolument faire quelque chose ».

1. Mille C., « Instabilité psychomotrice », in Ferrari P., Epelbaum C. (dir.), *Psychiatrie de l'enfant et de l'adolescent*, Flammarion, 1994, p. 203-204.

La fébrilité de l'enfant apparaît encore davantage lorsqu'on lui demande d'exécuter quelques tâches précises pour entrer en contact avec lui ou mieux connaître son niveau développemental ou intellectuel : le dessin est bâclé, les crayons abîmés, le papier froissé, les réponses inappropriées. Tout se passe comme s'il continuait à utiliser sa motricité comme un enfant qui vient d'acquérir la marche et ne se lasse pas de découvrir le monde. L'immobilité paraît impossible et quand, à force de réprimandes et de discours, les parents obtiennent un moment de répit, il dure à peine, le rythme effréné reprenant aussitôt. L'enfant grimpe sur les chaises, saute, ouvre les tiroirs, claque les portes, s'enfuit dans le couloir ou la salle d'attente, transformant parfois la consultation en une séance de psychomotricité avant l'heure. Il envahit littéralement l'espace par son comportement moteur et le bruit qu'il fait.

Pour peu qu'on veuille bien l'observer avec attention, on remarque pourtant qu'il semble parfois hésiter avant d'agir, donnant très souvent l'impression d'être l'objet de deux tendances contradictoires, dont l'une est nettement prédominante et l'emporte dans ses tourbillons incessants. Lorsque l'on obtient enfin un moment d'accalmie et qu'on réussit à entrer en relation avec lui, il n'est pas rare qu'il présente une autre facette de lui-même ; il manifeste ainsi une demande d'aide pour parvenir à l'apaisement et nous montre combien il souffre de cette instabilité.

• L'instabilité psychique

L'enfant est en permanence sollicité par les stimuli venant de l'extérieur. Tout est prétexte à découverte et, dans le même temps, tout est prétexte à changer sans cesse d'investissement, dans un mouvement psychique ininterrompu. Son intérêt s'éparpille, son attention est labile, et ses incessants changements font obstacle aux raisonnements intellectuels. Pourtant, l'enfant est souvent intelligent, mais la pensée logique est difficile et les activités demandant une continuité dans le déroulement des tâches sont interrompues avant la fin, oubliées, et les outils nécessaires, perdus... Cette manière d'être au monde entraîne de graves problèmes dans la scolarité et le domaine relationnel : il tente d'entraîner les autres dans son mouvement perpétuel, mais les rapports deviennent rapidement conflictuels, avec les adultes comme avec ses pairs, et il se retrouve souvent en position de bouc émissaire.

• D'autres symptômes

Dans les situations génératrices d'insécurité : séparation, tensions, conflits intrafamiliaux, survenue d'une maladie physique... l'enfant va réagir par une augmentation de l'activité motrice, à la fois symptôme de l'angoisse qu'il ressent et défense contre celle-ci. A contrario, devant une « angoisse psychomotrice », le praticien expérimenté pourra déceler l'existence de ces différentes situations anxiogènes.

Sur le plan affectif, l'enfant réagit vivement. On parle à son propos d'irritabilité et d'excitabilité, les deux se situant dans le registre du réactionnel, en réaction à un événement extérieur. À l'opposé, il y a aussi de l'impulsivité, tendance à répondre à une force intérieure. L'humeur est changeante et le fait passer du rire aux larmes. Il extériorise « immédiatement (ses) émotions dans (son) comportement[1] ». De là une grande difficulté à établir des relations stables avec les autres, qui peut l'amener à percevoir le monde comme hostile et aboutir à des manifestations d'agressivité. En tout état de cause, il y a souvent chez lui un affect dépressif.

L'enfant investit principalement le psychomoteur. La communication par le biais de messages comportementaux est parfois plus « efficace » et explicite que par le langage articulé dans une parole. Insistons ici sur le fait qu'un enfant diagnostiqué hyperactif depuis plusieurs années voit ses relations avec les autres se transformer de façon importante. En effet, ses comportements ne cessent de lui attirer les reproches courroucés de ses parents et des adultes qui l'entourent, des paroles surmoïques et peu agréables. On peut se demander si cela n'entraîne pas, chez lui, un refus de la parole pour communiquer. Il ne s'agit donc pas d'un non-investissement du langage, mais plutôt d'un rejet de son utilisation. Tout se passe comme si la parole devenait la langue exclusive de l'interdit et du déplaisir, quand elle peut habituellement exprimer des demandes et le plaisir qui résulte de leur satisfaction.

---

1. Micouin G., Boucris J.-C., « L'enfant instable ou hyperkinétique », in *Psychiatrie de l'enfant*, XXXI, 2, 1988.

On distingue deux types d'enfants : les hypertoniques et les hypotoniques. Les premiers se caractérisent par un état de tension qu'ils peuvent parfois exprimer, avec des crampes fréquentes, des blocages respiratoires et des mouvements parasites (paratonies). Les seconds, au contraire, ont une perte du tonus musculaire, sont pâles, souvent à la limite de l'évanouissement (tendances lipothymiques), transpirent beaucoup (hypersudation) et sont incapables d'une activité coordonnée dans les limites d'un cadre donné. Jean Bergès emploie à leur sujet les termes de « déhiscence » ou d'« incontrôle émotionnel[1] », et considère que chez ces enfants qui sont toujours dans les jambes, qui se cognent aux objets et dont le comportement appelle sans cesse la réprimande, l'instabilité apparaît comme une quête incessante de limites, à la fois physiques et sociales.

Rosa Mascaro, qui a créé Le Fil d'Ariane, une structure d'accueil et de soutien à la parentalité, signale le cas particulier, bien que malheureusement trop fréquent, des enfants qui grandissent dans un environnement carentiel, privés d'une relation d'attachement sécure, c'est-à-dire fiable, stable et suffisamment riche affectivement. Ces enfants connaissent un vide dépressif qui grève et bloque l'organisation de leur vie mentale. En effet, au cours de la période périnatale, le manque d'étayage maternel ne permet pas au bébé de procéder au travail

1. Bergès J., « Les troubles psychomoteurs chez l'enfant », in *Traité de psychiatrie de l'enfant et de l'adolescent*, Lebovici S., Diatkine R., Soulé M. (dir.), PUF, 1985, p. 363-383.

sensori-moteur nécessaire aux premières étapes de la construction psychique. Dans ces conditions, il ne parvient pas à intérioriser le lien à la mère et à le symboliser pour entrer en lien avec le monde. Le bébé devient rapidement atone, ses activités auto-érotiques sont pauvres ou inexistantes, son corps et sa motricité inhibés, comme retenus par le manque de partage émotionnel, et ses activités ludiques, dénuées de tout aspect imaginaire et fantasmatique, apparaissent répétitives. Il s'accroche sans cesse à ce qui peut servir d'auxiliaire à son moi insuffisant : les objets, le contexte ambiant et les personnes qui s'occupent de lui et ne sont alors que des partenaires interchangeables. Cet agrippement au monde extérieur devient une condition de survie. À partir du deuxième semestre d'existence, cette difficulté de fonctionnement psychique entraîne des conséquences négatives sur l'ensemble du développement : comportement, motricité, langage, processus cognitifs... Mais c'est au cours de la deuxième année que survient ce qui nous intéresse ici : une agitation motrice et des passages à l'acte qui répondent à des décharges pulsionnelles non psychisées. Le jeune enfant peut alors présenter un comportement hyperactif ou une instabilité psychomotrice avec des difficultés d'attention, d'où l'incapacité à soutenir quelque temps la même activité, sur le plan relationnel comme sur le plan ludique. Il a constamment besoin de bouger pour traduire en gestes et en mouvements ce qu'il ressent au sein de son environnement immédiat. Ce besoin d'expression par le comportement lui fait redouter les moments d'endormissement, vécus comme une perte de maîtrise. De ce fait, les troubles du sommeil sont fréquents, tout comme les troubles alimentaires. Dans ce contexte, la psychopathologie présentée par l'enfant peut s'apparenter au « syndrome du comportement vide » décrit par Léon Kreisler[1]. Cet auteur a renouvelé la compréhension de la dépression du bébé en la corrélant avec la pathologie psychosomatique, beaucoup plus fréquente chez le tout-petit que nous le pensions avant lui.

La mode de l'hyperactivité

Le mot hyperactivité est passé dans le langage courant et nombre d'enfants sont qualifiés, bien hâtivement, d'hyperactifs, dès lors qu'ils font preuve d'agitation et ont des difficultés à tenir en place. Si elle semble « à la mode », l'hyperactivité n'en reste pas moins une pathologie au sens psychiatrique du terme. Pour Bernard Golse, elle est devenue, au fil des années, emblématique de l'opposition entre deux conceptions de la psychopathologie de l'enfant et, peut-être aussi, de la psychopathologie en général : une conception de type linéaire et causaliste, plutôt neurodéveloppementale, et une conception psychodynamique et polyfactorielle. Si cette distinction est bien d'actualité, il me semble aujourd'hui incontournable de tenter d'en rapprocher les points de vue, à partir du moment où cela s'avère possible et utile

1. Kreisler L., *Le Nouvel Enfant du désordre psychosomatique*, Dunod, coll. « Enfances/clinique », 1995, p. 365-367.

pour l'enfant. Encore faut-il savoir ce sur quoi les points de vue divergent et qui semble bien fondamental.

Définition du cadre nosographique

À l'heure actuelle, on le sait, les entités nosologiques en psychiatrie – et plus encore en psychiatrie de l'enfant et de l'adolescent – ne reconnaissent pas de marqueurs biologiques indiscutables et leur délimitation se fonde principalement sur des consensus entre cliniciens, consensus dont témoignent les grandes classifications internationales déjà évoquées. Mais, par essence, tout consensus se révèle volatil, en tout cas transitoire. D'où la nécessité de révisions régulières desdites classifications.

En effet, certains symptômes sont relativement dépendants du contexte socioculturel. En fonction de son histoire et du moment de son évolution, chaque société se montre plus ou moins sensible à tel ou tel comportement des enfants, ce qui est le cas de l'« agitation » aujourd'hui. Se pose alors toute la question de la variabilité des normes éducatives qui changent selon les époques. Dans les déterminants possibles de l'hyperactivité, on peut retenir plusieurs facteurs. La télévision par exemple, les enfants étant exposés un laps de temps quotidien non négligeable aux messages d'action sans relâche qu'elle impose explicitement (nous y reviendrons). Mais il est un autre facteur, bien plus pesant encore : la pression générale autour de la réussite scolaire. Il faut ici rappeler que si les apprentissages de la lecture, de l'écriture et du comptage ont été fixés au deuxième cycle de la scolarité (grande section de maternelle, CP et CE1), ce n'est pas par hasard, mais parce que ces trois années correspondent au bon moment de la maturité de l'enfant. Or beaucoup pensent aujourd'hui que l'avance prise dès ces jeunes classes a un rapport direct avec les chances futures d'entrer à Polytechnique ! Autrement dit, les parents, mais aussi les enseignants, désireux de gagner un temps supposé précieux pour l'avenir, négligent la qualité des interactions entre eux et l'enfant. Voilà qui augmente objectivement la pression autour de ce dernier, à un moment de son développement où il a essentiellement besoin de continuer à jouer, au sens noble du terme, tout le temps qui sera nécessaire à la mise en place de ses représentations internes. La norme éducative, elle-même fonction du contexte socioculturel, influe donc de manière prépondérante sur l'ambiance au sein des familles et dans l'école, et accroît le cercle vicieux dans lequel certains peuvent se laisser enfermer.

Cela ne signifie pas qu'il ne puisse exister d'authentiques pathologies du contrôle moteur et des processus d'attention et de concentration, mais plutôt que la ligne de démarcation entre le pathologique et le normal se révèle, dans ce domaine particulier, pour le moins fluctuante.

Tout cela doit nous inciter à beaucoup d'humilité et de prudence dans l'établissement du diagnostic d'hyperactivité, dans l'affirmation du caractère intrinsèquement pathologique des troubles observés et dans la nécessité du recours au pédopsychiatre. En tout état de cause, dans la stratégie d'évaluation de la situation clinique, il faut souligner que considérer les enseignants comme des évaluateurs des troubles des enfants dont ils ont la charge ne va pas sans poser un certain nombre de problèmes éthiques (par exemple en ce qui concerne leur contribution à la cotation des échelles de Conners[1]). Dans ma pratique, je demande aux parents et aux enfants consultant pour des troubles se manifestant à l'école, s'ils souhaitent que les enseignants soient mis au courant de leur démarche. S'ils sont d'accord, je leur propose d'organiser une réunion entre nous tous et j'écoute ce que l'enseignant peut me dire des difficultés, mais aussi des potentialités de l'enfant, en présence de celui-ci et de ses parents. Il arrive que l'enseignant demande s'il peut me joindre par la suite en cas de problème, ce que j'accepte, à condition toutefois que les parents et l'enfant ne s'y opposent pas. Parfois, ceux-ci ne veulent absolument pas que l'école soit au courant de leur démarche et, dans ce cas, même si l'enseignant en est à l'origine, je ne lui fournis aucun élément recueilli au cours de la consultation. Je le répète souvent aux enseignants : ils doivent être généreux de leurs informations au sujet d'un enfant qu'ils souhaitent nous confier, mais ils doivent comprendre et accepter que lui, ses parents et moi-même sommes liés par le secret médical.

1. Conners C.K., « Symptom patterns in hypertinetic, neurotic and normal children », *Child Dev.*, 1970, 41, p. 667-682. Il s'agit d'échelles mises à la disposition des parents et des enseignants : elles permettent une cotation à partir de critères descriptifs faciles à repérer et portant sur l'attention, l'impulsivité et l'hyperactivité.

Cependant, nous leur proposons d'autres modalités d'aide spécifique, comme les groupes Balint, dans lesquels ils peuvent évoquer de façon anonyme les enfants qui leur posent problème. On s'éloigne là du questionnaire de Conners qui est à visée purement informative.

L'étiologie en question

Rappelons-le : la conception du déterminisme de l'hyperactivité de l'enfant renvoie en fait à deux conceptions de la psychopathologie. Pour l'une, ce symptôme est la conséquence directe d'un trouble (éventuellement modulaire) des processus d'attention, de concentration et de régulation du contrôle moteur ; pour l'autre, il est le fruit de la rencontre entre la part personnelle de l'enfant (son équipement neurobiologique, génétique, psychologique, cognitif...) et son histoire relationnelle, ainsi que celle de son groupe familial et socioculturel. On comprend que le premier modèle est neurodéveloppemental et monofactoriel quand le second, tout en acceptant les prémices du premier, fonde la conception psychodynamique de la psychopathologie et s'affirme donc résolument polyfactoriel.

La différence entre les deux n'est pas seulement académique puisqu'elle a des conséquences importantes sur les options thérapeutiques qui seront retenues. Dans le premier cas, celles-ci privilégient très naturellement la recherche de substances médicamenteuses susceptibles de corriger le « désordre » invoqué : c'est le cas du traitement par les médicaments de type amphétaminique, considérés comme capables de venir répondre à un désordre métabolique, en rétablissant l'équilibre entre les différents neurotransmetteurs impliqués dans l'origine de la situation clinique de l'instabilité. Dans le second cas, on pourra être amené à considérer que l'hyperactivité est, par exemple, une réponse de type « hypomaniaque » (une excitation psychique entraînant un retentissement moteur chez l'enfant) pour lutter contre la dépression. On sait en effet que la qualité de l'environnement organisé par les parents pour répondre aux besoins de leur enfant, ce que Winnicott désigne sous le terme de *holding* et qu'on peut traduire par « entourance », se révèle parfois insuffisante. Dans ce cas, le bébé peut mettre en place des défenses, parmi lesquelles l'agitation, puis l'hyperactivité, qui ont éventuellement une valeur d'enveloppe motrice substitutive. Ce signe a été décrit par Spitz dans la dépression du nourrisson : il s'agit d'une réaction produite par le bébé qui cherche sa mère et ce qui marque sa présence concrète, à savoir sa peau. Parce qu'il ne la trouve pas, il tente de s'en fabriquer une avec les moyens qu'il a à sa disposition, en l'occurrence sa musculature. Esther Bick[1] décrit ainsi la « seconde peau musculaire » qui joue pour le bébé le rôle de fonction contenante quand le *holding* est défaillant. L'expression motrice devient alors tout naturellement le moyen par lequel la fonction défensive peut s'extérioriser. Cette façon de comprendre le développement du bébé me paraît tout à fait propice pour nous faire toucher du doigt le rap-

1. Bick E., « The experience of the skin in early object relations », *International Journal of Psychanalysis*, 1969, 49, p. 484-486.

port entre dépression infantile et instabilité psychomotrice.

À partir de là, la reconstruction de l'histoire relationnelle précoce peut avoir, en elle-même, une certaine dimension thérapeutique. Cela n'exclut pas un travail au niveau du corps par le biais de techniques de relaxation analytique, ou un travail au sein de petits groupes thérapeutiques, pour reprendre ces différents niveaux d'enveloppes corporelles et groupales.

Insistons ici sur le fait que les dépressions maternelles, aussi importantes soient-elles dans l'origine des troubles chez le nourrisson, ne peuvent intervenir comme facteur déclenchant que dans le cadre d'un modèle polyfactoriel. En effet, pour qu'un enfant souffre de la pathologie maternelle, cela suppose que tous les tiers qui auraient pu ou auraient dû le protéger aient fait preuve d'une même faillite. Cela interdit d'établir toute relation directe de cause à effet entre dépression maternelle et hyperactivité de l'enfant.

Voilà qui démontre, s'il en est encore besoin, que le recours à une explication linéaire est forcément fallacieux et toujours nocif : il compromet toute alliance thérapeutique avec les parents et risque de renforcer, dans l'après-coup, le fantasme de l'enfant de n'avoir pas su rendre ses parents suffisamment bons, comme l'a montré H. Searles[1]. Cet auteur décrit, chez chacun d'entre nous, une « pulsion thérapeutique » qui, dès notre plus

---

1. Searles H., *Le Contre-transfert,* Gallimard, coll. « Connaissance de l'inconscient », 1981.

jeune âge, nous invite à aider l'autre, à commencer par nos parents. Cette compétence du bébé, remise au jour par les théoriciens de l'attachement, indique à quel point il est « programmé » pour entrer en contact avec un autre, indispensable à son développement. Cela peut expliquer l'hypermaturité relative dont certains enfants font preuve, comme s'ils voulaient eux-mêmes compenser les carences dont ils souffrent en soignant leur famille.

De la « nécessité » du traitement amphétaminique

Nombre de psychiatres, en France tout au moins, considèrent que ce type de traitement ne va pas sans poser de réels problèmes[1]. Problèmes quantitatifs tout d'abord.

Dans certains pays de culture médicale anglo-saxonne, le nombre d'enfants traités par des substances dites *amphetamine-like* est très certainement excessif. Ces substances ont des effets semblables à ceux des amphétamines, notamment en stimulant le système nerveux central par augmentation du taux de dopamine et de noradrénaline (monoamines). Initialement, les indications de ces traitements, non dépourvus d'effets secondaires (troubles du sommeil et de l'appétit en premier lieu, imprégnation des fibres myocardiques avec des risques cardiaques), devraient être réservées à l'hyperactivité avec troubles de l'attention et de la concentration, mais sans comorbidité aucune, et notamment sans aucun trouble psychopathologique asso-

1. Bursztejn C., Chanseau J.-C., Geissmann-Chambon C., Golse B., Houzel D., « Ne bourrez pas les enfants de psychotropes », *Le Monde*, 27 mai 2000.

cié. Or l'expérience clinique nous montre que ces cas sont, en réalité, assez rares. Mais cette expérience ne semble pas peser bien au lourd face au poids de l'industrie pharmaceutique, et aussi face à un consensus plus ou moins tacite, généralisé et souvent étayé par les médias qui, sous prétexte d'efficacité, vise à nier la complexité humaine, sans doute parce qu'elle nous confronte toujours à la souffrance du sujet, à la sexualité et à la mort, toutes ces choses que l'on ne veut plus voir. Cela a malheureusement entraîné d'importantes dérives : à l'heure actuelle, plus de cinq millions d'enfants sont traités par amphétamines aux États-Unis ! Selon la classification américaine, la prévalence de l'hyperactivité est généralement estimée entre 3 et 5 % chez les enfants d'âge scolaire, le nombre de garçons concernés étant dix fois supérieur à celui des filles[1].

Heureusement, en France, la situation n'est pas (encore ?) aussi alarmante et de nombreux parents cherchent à donner du sens à l'hyperactivité de leur enfant, sans la réduire à un symptôme déconnecté de toute histoire personnelle, ce qui justifierait la seule approche médicamenteuse. Je le redis ici, toute prescription de psychostimulants, quand elle est vraiment justifiée, doit être accompagnée d'un travail psychothérapeutique au sens large de l'enfant et/ou de ses parents.

En tout état de cause, il y a là un véritable problème de santé publique, qui est aussi qualitatif. Le principe de

---

1. Mille C., « L'hyperactivité de l'enfant », in *Actualités en psychiatrie de l'enfant et de l'adolescent,* Ferrari P. (dir.), Flammarion, 2002, p. 200.

précaution devrait être invoqué en cas de prescription prolongée de psychotropes à des enfants dont le cerveau et l'appareil psychique sont encore en pleine structuration. Si aucun signe de dépendance physique n'a été mis en évidence, les effets de ces traitements au long cours dans l'histoire du développement restent à étudier.

Il est donc important de veiller soigneusement à ce que les parents ne se fassent pas détourner de la réflexion à laquelle ils aspirent souvent. Cette remarque vaut même si, à l'avenir, des substances non amphétaminiques peuvent être proposées avec une efficacité comparable. Ces substances seront probablement de nature antidépressive : cela ne fait que renforcer l'hypothèse évoquée plus haut de la dimension antidépressive du symptôme « hyperactivité », dans un certain nombre de cas.

Tout cela doit nous amener à la plus grande vigilance et à la poursuite d'études contrôlées et rigoureuses, que ce soit en matière de repérage diagnostique et de prise en charge thérapeutique. Il ne serait pas acceptable que des enfants soient traités par psychostimulants ou neuroleptiques sous le seul prétexte de leur efficacité apparemment plus rapide ou d'une prise en charge moins complexe. La prescription médicamenteuse, si elle s'avère nécessaire, doit être articulée avec une démarche psychothérapeutique, qui peut être individuelle, groupale ou psychocorporelle. On n'insistera jamais assez sur ce point car des dérives sont possibles et le risque d'utilisation de ces traitements à des fins qui ne seraient pas seulement thérapeutiques, mais également sociopolitiques, ne relève plus de la fantasmagorie paranoïaque de quelques-uns. En effet, le recours toujours plus important aux argumentations de type scientifique et aussi les profondes modifications des fonctions parentales aujourd'hui (et leurs conséquences, notamment l'enfant roi idéalisé, l'abandon de toute limitation de ses désirs) pourraient aboutir à une standardisation des traitements médicamenteux, sans beaucoup d'égards pour les aspects humains qui sont en jeu. Il s'agirait là de la réalisation de ce que Michel Foucault prévoyait avec son concept de « biopouvoir » au service d'une « biopolitique ». Les pédopsychiatres et tous les professionnels de la petite enfance doivent rester en alerte face à des dispositifs qui, sous couvert de santé publique, peuvent mener à petits pas vers… « le meilleur des mondes ».

L'une des priorités me paraît être d'aider les parents dans leur métier de parents. Certains rétorqueront que la parentalité est un phénomène tellement ancien qu'il ne s'apprend pas, pourtant, tous les parents le savent, avec chaque enfant, c'est une nouvelle aventure qui commence, et l'expérience d'une première naissance ne se répète jamais à l'identique à la seconde. C'est pour cette raison essentielle que l'idée d'une « école des parents » où l'on prétendrait enseigner, sur le modèle scolaire, comment « bien » éduquer un enfant est une illusion et doit éveiller la suspicion. Il est évident que je ne fais pas référence ici à L'École des parents, association reconnue, dynamique et féconde, qui dispense des formations et des informations tenant le plus grand compte de toutes les hypothèses psychopathologiques. Je pense plutôt à une expérience de formation proposée en Belgique, par voie administrative ou judiciaire, aux parents défaillants, et qui a déjà donné des idées à certains politiques français.

Il me paraît beaucoup plus judicieux d'accompagner les parents dans un « travail de soutien à la parentalité », dont le but est de les aider à retrouver leurs compétences parentales, lorsque cela est possible. Dans certains cas, comme la maltraitance en général, une fois que l'enfant est protégé, il est nécessaire de travailler avec les parents sous d'autres formes, en s'appuyant notamment sur des éléments juridiques qui ont fait défaut. Mais, dans tous les autres cas, le travail doit porter sur la culpabilité que tout parent éprouve devant la souffrance de son enfant. L'accompagnement consiste alors à essayer de transformer cette culpabilité, que je considère comme la part dépressive de la responsabilité, en énergie libre au service de l'enfant. Cela permet aux parents de ne plus être toujours dans les reproches envers ce dernier, et de se concentrer sur leurs propres capacités à changer. Il ne s'agit donc pas de nier l'importance de la culpabilité parentale, mais de la reconnaître pour, avec les intéressés, la travailler afin d'en faire quelque chose de positif. C'est d'ailleurs souvent dans ce travail de réorganisation que se noue la nécessaire alliance thérapeutique avec la famille.

2

Troubles des conduites, du comportement ou troubles de l'agir ?

À mon sens, il existe une continuité entre troubles de l'hypermouvement (hyperactivité) et troubles des conduites ou du comportement : tous deux sont des avatars du développement moteur et psychomoteur de l'enfant.

Se mouvoir pour agir, puis se mouvoir et parler sont des schèmes classiques. Mais, dans certains cas, se mouvoir et agir tiennent lieu de paroles, ce qui peut indiquer une stase dans le développement habituel. Il est alors intéressant de comprendre ce trouble du comportement comme un discours en actes, un langage par l'agir auquel il est important de trouver, avec l'enfant et ses parents, une traduction en mots et, quand c'est possible, un sens.

L'histoire peu ordinaire de Sylvester

Sylvester est un garçon de quinze ans dont la grande violence monte en puissance dès que les soignants tentent de mettre des limites à ses demandes. Sa première hospitalisation, alors qu'il avait cinq ans, avait déjà été marquée du sceau de la violence et, depuis, il a défrayé la chronique des différentes équipes qui l'ont pris en charge. S'il est arrivé dans notre service, c'est parce qu'il a été très violent avec son entourage et les éducateurs de l'établissement médico-éducatif dans lequel il était placé depuis quelque temps. Cette flambée de violence s'était produite à la suite d'un déménagement de sa mère, qui avait désorganisé tous ses repères antérieurs. Dans notre service, il a déjà menacé un adolescent avec un couteau sur la carotide, puis, sous la menace de son arme, a obtenu du soignant présent à ce moment-là qu'il satisfasse plusieurs de ses caprices. À la suite de cela, je décide de porter plainte contre Sylvester, afin de pouvoir commencer à le soigner vraiment, mais en fixant des limites au-delà desquelles ni lui ni moi ne sommes les maîtres. Un samedi matin, je me rends donc au commissariat avec l'infirmier psychiatrique victime de la violence. Le lundi, à la réunion de synthèse de l'équipe, j'apprends que Sylvester a demandé à l'interne de l'examiner. Pendant le week-end, un chien lui a mordu le pénis, sur le trottoir devant chez lui. Nous apprenons à cette occasion qu'il s'est fait mettre à la porte de chez son père, avec sa mère, alors qu'il avait trois ans ; tous deux ont alors vécu quelque temps « sur le trottoir ». L'enfance de Sylvester a ensuite été émaillée de problèmes graves de comportement violent, de trouble des conduites, le menant successivement d'établissements spécialisés en services de pédopsychiatrie. Il y fut tantôt corrigé, tantôt neuroleptisé, mais dans la kyrielle des éducateurs et des soignants victimes de ses débordements, jamais aucun n'a eu l'idée de porter plainte contre « Sylvester le violent et le fort », afin d'aider le pauvre petit Sylvester incapable de contenir sa violence à gagner la partie. Il lui aura donc fallu attendre dix longues années pour rencontrer une nouvelle équipe soignante et pouvoir enfin sortir de la destinée à laquelle il semblait promis.

Ses symptômes violents, accompagnés d'une recherche de punition, et répétés jusqu'à ce que quelqu'un comprenne ses appels à la Loi comme autant de demandes d'aide, posent la question du sens caché de cette violence. Mais ce sens ne pourra surgir que de la relecture de ses actes dans un cadre défini par la loi des hommes (mis en place par la plainte contre ses actes délictueux), et à la lumière du récit de son histoire personnelle et familiale (commencé à l'occasion de la morsure du chien).

Lors d'une rencontre récente – nous ne nous quittons plus depuis que j'ai porté plainte contre lui –, Sylvester me dit avec un large sourire : « Maintenant, j'ai compris qu'il faut que j'obéisse aux lois et à l'œil. » Comme je souligne son lapsus : « Au doigt et à l'œil ou aux lois et à l'œil ? », il répond, comme une évidence : « Ben oui, aux gendarmes, quoi ! » Je dis alors : « D'accord pour les gendarmes qui sont maintenant entre nous, mais pourquoi à l'œil ? » À quoi il rétorque sans vergogne : « Pour pas avoir d'amende à payer. » Plus tard, évoquant ses projets d'avenir, il me confiera : « Je veux être éboueur, je veux ramasser les poubelles sur les trottoirs. Il faut bien que les trottoirs soient propres. »

Ainsi, dans l'histoire de Sylvester, la violence est dirigée contre ceux qui voudraient le séparer de sa mère et ceux qui prétendent agir avec lui d'une façon toute paternelle en lui indiquant des limites. Fallait-il attendre qu'il ait quinze ans pour aider enfin cet adolescent ? Sans doute pas, mais que fallait-il faire avant ? Dépister, bien sûr, et prendre en charge, mais en proposant un travail qui tienne compte des différents facteurs de son histoire : parentaux, éducatifs, thérapeutiques, pédagogiques... Cette proposition paraît logique et de bon sens, mais elle est difficile à organiser sur un plan pratique et nécessite une réflexion à plusieurs. Si la violence comportementale précoce de Sylvester a bien été dépistée, elle n'a pas bénéficié d'une lecture psychopathologique, mais d'une approche éducative, pour ne pas dire rééducative, visant à éradiquer son symptôme, dont on a pu voir le peu de résultats. À trop vouloir faire taire sa violence, elle a enflé jusqu'à devenir incompatible avec une vie en groupe, et surtout, « on » est passé à côté de la signification qu'elle portait en elle, privant Sylvester d'une compréhension salutaire. Tout l'intérêt de la psychopathologie réside dans la recherche du sens des symptômes : elle les éclaire d'un jour nouveau, ouvrant à l'enfant une fenêtre sur son histoire illisible. Un des scénarios qui organise la vie psychique de Sylvester est condensé dans le souvenir traumatique de la violence paternelle s'exerçant sur sa mère et sur lui-même. Ils sont jetés sur le trottoir sans que nul ne vienne leur porter secours. La Loi fait alors défaut. On peut avancer que Sylvester va mettre ensuite toute son énergie à être « identifié » à un père qui devrait rencontrer cette Loi chaque fois qu'il fait quelque chose d'interdit, comme jeter sa femme et son fils dehors. Il faudra attendre longtemps pour que le scénario originaire sur lequel il a bâti une part de sa vie psychique soit décrypté, à l'occasion d'une de ses répétitions : ce sera lors de la prise d'otage avec le couteau, qui fait intervenir les gendarmes pour défendre la vie de l'infirmier. En entreprenant cette démarche, le psychiatre fait ce qu'un parent devrait faire pour protéger son enfant – et que la mère de Sylvester n'a pas fait à l'époque : s'appuyer sur un représentant de la Loi. On voit là comment dès que le droit s'exerce, il prend en compte la part morale de la violence chez cet adolescent, laissant à la psychothérapie le soin d'en comprendre la signification dans son histoire et d'en permettre ainsi le dégagement. L'histoire de Sylvester nous montre comment, à ne s'attacher qu'à la disparition d'un symptôme, on se coupe de toute possibilité de progresser en humanité.

Qu'est-ce qu'une conduite ?

Pour les gens de ma génération et de ma formation – les pédopsychiatres formés à la psychopathologie, de préférence analytique – « conduite » est un mot fortement connoté de morale. Bien avant le règne de l'automobile, avoir une bonne ou une mauvaise conduite renvoie à la moralité. Nul ne s'y est trompé à la sortie de l'étude Inserm évoquée en introduction de cet ouvrage et elle a été, entre autres, quelque peu tournée en dérision par un éditorial du *Monde* du 23 septembre 2005.

Intitulé « Zéro de conduite », il évoquait le film éponyme de Jean Vigo, sorti en 1932. L'histoire de collégiens soumis à une discipline de fer et à un autoritarisme excessif, et tentant par tous les moyens de s'en libérer. On y voit l'inadéquation totale entre les difficultés normales des enfants et des adolescents pour s'adapter à leur condition et la réponse éducative qui leur était imposée. Cela conduira d'ailleurs à la révolte des collégiens contre l'ordre établi, basé sur la loi du plus fort. C'est parce qu'il répond « merde » au professeur que l'un d'eux récolte le fameux « zéro de conduite ».

Dans cet esprit, la conduite est donc « la manière de se comporter[1] » et, surtout, l'inconduite, « la manière incorrecte de se comporter[2] ». À ce titre, elles intéressent les psychologues. Pierre Janet considère ainsi « tous les phénomènes psychiques comme des actions » et fait de la notion de conduite « l'objet de la psychologie[3] ». Pour Daniel Lagache, « la psychologie est la science de la conduite, celle-ci étant comprise comme l'ensemble des réponses significatives par lesquelles l'être vivant en situation intègre les tensions qui menacent l'unité et l'équilibre de l'organisme[4] » et, à son avis, le concept de conduite « n'implique rien en ce qui concerne les quali-

1. Rey A., *Dictionnaire historique de la langue française*, Le Robert, 1992.
2. *Ibid.*
3. Janet P., « La psychologie de la conduite », in *Encyclopédie française*, VIII, 08, 11-16.
4. Lagache D., *L'Unité de la psychologie*, PUF, 1949, p. 57.

tés conscientes ou inconscientes des processus mentaux mis en jeu dans l'action[1] ». Les psychiatres, eux, se sont intéressés aux conduites pathologiques. Lafon insiste avec sagesse sur la difficulté présentée par les signes appelés pathologiques et qui ne le sont pas vraiment : « Tous les types de conduite que l'on qualifie de pathologiques n'entrent pas dans la nosologie psychiatrique, ils peuvent tout simplement marquer une crise ou une période évolutive de la personnalité, constellation d'un certain nombre de tendances, dont on essaie de faire le bilan dans les inventaires de la personnalité, et dont certaines resurgissent avec plus ou moins d'intensité et de durée sous forme de conduites diversement adaptées aux normes sociales actuelles et plus ou moins acceptées par le climat socioculturel dans lequel elles se produisent[2]. » Malgré son style un peu suranné, la remarque semble d'actualité, car la conduite y est rapportée à une norme qui prescrit de fait une morale ordinaire : celle qu'un enfant doit suivre pour avoir une « bonne » conduite. Or, dans ce débat comme dans tant d'autres, morale et éthique doivent absolument être distinguées. La première renvoie à un ensemble de règles qu'il est bon de suivre pour ne pas déroger aux normes relatives à un espace-temps culturel donné ; la seconde est davantage une disposition intérieure, en fonction de laquelle le sujet fait ou ne fait pas telle ou telle chose, selon qu'elle

1. Lagache D., *La Psychanalyse*, PUF, 1955, p. 36.
2. Lafon R., *Vocabulaire de psychopédagogie et de psychiatrie de l'enfant*, PUF, 1973, p. 181.

est conforme ou non à sa philosophie personnelle. Bien sûr, la morale influe sur l'éthique, mais celle-ci ne se réduit pas à une pâle intériorisation de la première. Pour Lacan, l'éthique suppose de mettre son action en accord avec son désir[1]. C'est bien cette question du désir de chacun d'entre nous qui est posée, et c'est en partie sur ce point que naît le conflit actuel : une conduite est-elle un standard qu'on peut inculquer à un enfant par différents moyens, ou est-elle, au contraire, le résultat du développement de cet enfant, se déroulant dans des conditions humanisantes, qui tiennent compte de sa part personnelle et de celle de ses parents ? Dans tous les cas, il est bon d'élargir la réflexion au-delà du plan psychopathologique ou psychiatrique, afin de considérer l'expression de la conduite dans un ensemble de facteurs incluant également le sociofamilial et l'anthropoculturel.

Pour certains auteurs, ces différents troubles ont en commun d'« être des conduites agies par opposition à d'autres formes psychopathologiques plus mentalisées ; d'être des conduites s'inscrivant le plus souvent en opposition avec le processus de socialisation dont elles paraissent transgresser les règles ; de se manifester en étroite corrélation avec le processus de maturation psychologique de l'enfant[2] ». À leurs yeux, la signification de ces conduites est variable : elles peuvent être un simple signe

1. Lacan J., *L'Éthique de la psychanalyse*, Le Seuil, 1986.

2. Ferrari P., « Troubles du comportement chez l'enfant », in *Psychiatrie de l'enfant et de l'adolescent*, Ferrari P., Epelbaum C. (dir.), Flammarion, 1994, p. 90.

de l'évolution du processus de maturation de l'enfant, dénuées de toute pathologie. Ou, au contraire, par leur intensité, leur répétition, leur caractère envahissant et exclusif, révéler l'existence d'un processus psychopathologique sous-jacent. Dans tous les cas, ils sont formels sur un point : la constatation d'un tel symptôme nécessite une réflexion approfondie d'ordre psychopathologique, indispensable avant tout étiquetage nosographique et toute thérapeutique. Prenant l'exemple des conduites agressives, du vol, du mensonge, de la fugue, ils font la part entre ce qui peut être considéré comme sans conséquences, voire s'avérer utile au développement de l'enfant, et ce qui relève de la pathologie. Dans pareils cas, la parole parentale sur la conduite incriminée peut aider l'enfant à l'inscrire dans son répertoire personnel de telle ou telle manière, étant entendu que si l'absence totale de commentaire peut banaliser l'acte en question, il en va de même pour les commentaires inlassablement répétés qui finissent par glisser sur l'enfant. Quoi qu'il en soit, l'âge de six ou sept ans semble constituer une limite en deçà de laquelle les troubles restent à mettre en rapport avec un développement habituel. En fixant l'âge de raison à sept ans, nos ancêtres avaient sans doute observé qu'il s'agissait là, pour l'enfant, d'une étape coïncidant avec l'intériorisation des règles concernant son propre comportement, jugé socialement acceptable. On est très loin de l'idée d'une description superficielle de signes qui auraient une valeur en soi et qui, indépendamment de l'âge, pourraient être prédictifs de comportements futurs.

Le trouble des conduites : une clinique unijambiste ?

D'après le rapport de l'Inserm, pour établir le diagnostic d'un trouble des conduites, il faut repérer dans le comportement de l'enfant ou de l'adolescent un « ensemble de conduites, répétitives et persistantes, dans lequel sont bafoués les droits fondamentaux d'autrui ou les normes et règles sociales correspondant à l'âge du sujet, comme en témoigne la présence de trois des critères suivants (ou plus) au cours des douze derniers mois, et d'au moins un de ces critères au cours des six derniers mois : agressions envers des personnes ou des animaux, destruction de biens matériels, fraude ou vol, violations graves des règles établies. La perturbation du comportement entraîne une altération cliniquement significative du fonctionnement social, scolaire ou professionnel. Si le sujet est âgé de dix-huit ans ou plus, le trouble ne répond pas aux critères de la personnalité antisociale. Il convient de spécifier le type selon l'âge de début, à début pendant l'enfance si présence d'au moins un critère caractéristique du trouble des conduites avant l'âge de dix ans, à début pendant l'adolescence si absence de tout critère caractéristique du trouble des conduites avant l'âge de dix ans. »

Chacune des rubriques définies fait l'objet d'une description en plusieurs points.

« L'agression envers des personnes ou des animaux : brutalise, menace ou intimide souvent d'autres personnes, commence souvent les bagarres, a utilisé une arme pouvant blesser sérieusement autrui (par exemple un bâton, une brique, une bouteille cassée, un couteau, une arme à feu), a fait preuve de cruauté physique envers des personnes, a fait preuve de cruauté physique envers des animaux, a commis un vol en affrontant la victime (par exemple agression, vol de sac à main, extorsion d'argent, vol à main armée), a contraint quelqu'un à avoir des relations sexuelles.

« Destruction de biens matériels : a délibérément mis le feu avec l'intention de provoquer des dégâts importants, a délibérément détruit le bien d'autrui (autrement qu'en y mettant le feu).

« Fraude ou vol : a pénétré par effraction dans une maison, un bâtiment ou une voiture appartenant à autrui, ment souvent pour obtenir des biens ou des faveurs ou pour échapper à des obligations (par exemple arnaque les autres), a volé des objets d'une certaine valeur sans affronter la victime (par exemple vol à l'étalage sans destruction ou effraction ; contrefaçon).

« Violations graves de règles établies : reste dehors tard la nuit en dépit des interdictions de ses parents, et cela a commencé avant l'âge de treize ans, a fugué et passé la nuit dehors au moins à deux reprises alors qu'il vivait avec ses parents ou en placement familial (ou a fugué une seule fois sans rentrer à la maison pendant une longue période), fait souvent l'école buissonnière, et cela a commencé avant l'âge de treize ans[1]. »

On reste confondu devant une telle description ! Seuls les actes sont pris en compte. Or la pratique de la pédo-

---

1. *Ibid.*, p. 66-67.

psychiatrie nous a appris qu'avant de poser un diagnostic il est indispensable : de voir les parents et d'écouter ce qu'ils ont à dire sur les raisons qui les ont poussés à venir consulter, sur l'histoire familiale, sur leur souffrance face à celle de leur enfant ; d'écouter celui-ci, pour entreprendre un travail de compréhension humaine de ce qui lui arrive ; de demander des bilans, en fonction des symptômes présentés, à des psychologues, des orthophonistes, des psychomotriciens, des infirmiers ou des éducateurs. Il est une autre chose qui me paraît tout aussi essentielle, c'est ce qu'on appelle en psychanalyse le contre-transfert : ce que la rencontre avec cet enfant et ses parents produit sur moi, en tant que personne engagée dès les premiers instants dans une relation qui est déjà thérapeutique. Mes impressions, mes sentiments, mes associations personnelles… tout ce qui se déroule en mon for intérieur fait partie intégrante de la consultation et m'apportera des indications précieuses sur ce qui se passe avec et « dans » cet enfant, « chez » ses parents et avec eux. C'est ainsi que des angoisses non dites, la sensation d'un secret de famille, des émotions indicibles et bien d'autres éléments affectifs pourront venir me « toucher émotionnellement » et s'inscrire dans mon appareil psychique, qui est le réceptacle de leurs difficultés. Le travail diagnostique engage donc la personne du thérapeute, comme témoin de la souffrance que l'enfant éprouve et pour laquelle on nous le « montre ».

Autre critique à propos du texte de l'Inserm : tout s'y passe comme si l'enfant était à considérer comme un adulte en miniature, sans la moindre particularité due à son âge et à son développement, sauf une : il peut et doit être « repéré » jeune, afin de pouvoir lui faire « rattraper » au plus vite les manques dont son comportement a été le révélateur, soit par rééducation, soit par chimiothérapie, les bénéfices éducatifs et thérapeutiques de l'une et l'autre étant toujours insuffisants, même lorsqu'elles s'avèrent nécessaires. Redisons une fois encore l'importance capitale de l'approche psychopathologique pour comprendre comment un enfant a pu en arriver là et soulignons que, dans le cas des troubles des conduites, il est maintenant admis que la justice[1] pour enfant, préventive par définition, et la protection de l'enfance jouent un rôle primordial et doivent faire partie des éléments de réponse apportés à chaque histoire. De même, l'exploration en profondeur de la situation sociofamiliale me semble fondamentale. On comprend alors pourquoi le fait de se précipiter sur des protocoles rééducatifs et chimiothérapiques sans chercher à savoir pourquoi ni comment l'enfant en est venu à avoir ces comportements est une aberration. Il s'agit ni plus ni moins d'une clinique unijambiste.

Devant le manque de prise en compte des éléments développementaux chez l'enfant, des chercheurs américains ont réalisé des travaux complémentaires concernant notamment la classe d'âge *zero to three*, de zéro à trois ans (Greeenspan *et al.*). Bien leur en a pris, car, dans leur présentation, les auteurs rappellent des choses importantes : « Tout clinicien, chargé d'établir un dia-

1. Bellon L., *L'Atelier du juge*, Érès, 2005.

gnostic complet et de planifier un programme d'intervention approprié, a la responsabilité de tenir compte de tous les domaines [...] : les symptômes et les comportements actuels, l'histoire du développement de l'enfant, le fonctionnement de la famille, les modes culturels et communautaires, les parents en tant qu'individus, les relations entre ceux qui élèvent l'enfant et le bébé et les modes interactifs, les caractéristiques constitutionnelles-maturationnelles du bébé, et les modalités du fonctionnement du langage, du développement cognitif, des capacités motrices et sensorielles et du système des affects[1]. » On eût aimé que de telles précautions fussent prises dans les classifications comme le DSM IV, ou tout au moins par les esprits simplificateurs qui ont désormais l'habitude de l'utiliser de manière par trop réductrice. Voici un exemple fréquent : un bébé est amené pour une insomnie rebelle évoluant depuis quelques mois. Le médecin traitant lui a prescrit des somnifères, mais ce traitement n'ayant pas donné de résultats probants, les parents se décident à consulter le pédopsychiatre. Au détour d'un rendez-vous, on découvre que le grand-père maternel souffrait lui aussi d'insomnie rebelle et avait par ailleurs des liens d'emprise pathologiques sur la mère du bébé. La ressemblance physique de celui-ci avec ce grand-père maternel, reconnue par tous, était encore renforcée par

1. *Classification diagnostique de zéro à trois ans/Classification des diagnostics des troubles de la santé mentale et du développement de la petite enfance*, trad. A. Guédeney, Médecine et Hygiène, Lausanne, 1998, p. 14-15.

l'insomnie. La mère a pris conscience que cette ressemblance faisait de son fils la cible de projections destinées à son propre père, ce qui a permis de réinstaurer le petit dans sa place d'enfant. Bébé a ainsi retrouvé le sommeil et la mère réfléchit à la manière de travailler sur les liens compliqués avec son père. Quel est donc le statut du somnifère dans cette histoire ? Et quel serait le résultat d'une recherche à grande échelle sur l'efficacité des somnifères si l'on prenait enfin en compte ce qu'il y a « sous » le symptôme ? Autant de questions qui conduisent à prendre définitivement parti pour une médecine globale et à abandonner la médecine des seuls symptômes.

Un appel à l'aide

Quand je me retrouve dans une situation très pénible qui provoque en moi une sorte d'éruption volcanique pulsionnelle, je me surprends parfois à dire à mes proches : « Retenez-moi ou je fais un malheur ! » Cette petite escapade temporaire de mon surmoi qui réclame d'être relayé par l'extérieur est en rapport avec un sentiment d'être totalement débordé par quelque chose de profondément injuste, ou rebutant, ou intolérable, pour un autre ou pour moi-même. Dans ce cas, j'ai l'impression de ne pas y arriver tout seul et cet appel à d'autres est une solution pour m'en sortir. Pourrait-on imaginer la compréhension du trouble des conduites sur ce mode, autrement dit l'envisager comme un appel, plutôt que de s'enfermer dans un système qui prend les enfants qui en souffrent pour des futurs délinquants ? L'idée n'est pas nouvelle. Freud l'a déjà dit en son temps et à sa manière : « L'enfant a une disposition perverse polymorphe[1] » – ce qui est très différent de « l'enfant est un pervers polymorphe » que l'on répète trop souvent. Nous savons que, devenus adultes, la plupart auront trouvé les moyens de réorganiser autrement leur « disposition perverse polymorphe ». Et quand Freud avance ce qui apparut comme une provocation dans la Vienne du début du XXe siècle, c'est pour insister sur le fait que c'est par la « pratique » des expériences limites que l'enfant va apprendre la vie telle qu'elle est, avec ses bonnes et ses mauvaises choses. Mais c'est de la position de ses parents vis-à-vis de lui, consciente et inconsciente, qu'il fera le miel de sa construction, et ces différentes aventures le conduiront à devenir le sujet d'une histoire particulière, à nulle autre pareille. Pour Freud, « le plaisir de la cruauté de l'enfant, qui n'est pas encore lié à la génitalité, ne concerne pas les zones érogènes, mais des objets sexuels. [...] Et si l'enfant est facilement cruel, c'est qu'il est peu enclin à la pitié. Cette cruauté provient de la pulsion d'emprise[2] ». Nous verrons justement que l'emprise « naturelle » de l'enfant se désapprend au fur et à mesure de son développement, mais au prix d'une certaine souffrance psychique chez lui.

À la même époque, Hermine von Helmuth (1871-1924) mettait en pratique la psychanalyse des enfants et

1. Freud S., *Trois essais sur la théorie de la sexualité*, trad. P. Koeppel, Gallimard, 1991, p. 118.
2. *Ibid.* p. 121.

son exemple servira aussi bien à Melanie Klein qu'à Anna Freud. Avant d'être tuée en 1924 dans des circonstances dramatiques par son neveu Rolph qu'elle tentait de soigner, cette grande dame avait mené de nombreuses études et recherches sur les rapports entre psychanalyse et éducation, et la question du devenir des carences affectives était pour elle une préoccupation majeure. À peu près au même moment, August Aichorn (1878-1949) publie *Jeunes en souffrance : psychanalyse et éducation spécialisée*[1], consacré à toutes ces questions de la prise en charge des carences et de la délinquance infanto-juvénile. Il est impossible de citer tous les psychanalystes qui se sont intéressés à ce sujet, mais l'un d'entre eux, Winnicott, a beaucoup contribué à nous éclairer. Pour lui, « la tendance antisociale témoigne du fait que le bébé a fait l'expérience, à l'époque de la dépendance absolue, d'un environnement suffisamment bon qui fut ensuite perdu. C'est pourquoi l'acte antisocial signe l'espoir qu'a l'individu de retrouver la bonne expérience d'avant la perte[2] ». L'histoire de Sylvester nous a donné à voir un aspect de cette thèse. Plus généralement, elle nous permet de deviner, derrière le trouble des conduites, des demandes d'aide non formulées.

Dire « non » à un certain âge est une étape importante et nécessaire. Spitz a insisté sur ce point, décrivant le

1. Aichorn A., *Jeunes en souffrance*, Éditions du Champ social, 2000.

2. Abram J., *Le Langage de Winnicott*, trad. C. de Athanassiou, Popesco, 2001, p. 34.

« non » comme l'un des trois organisateurs psychiques (avec le sourire à valeur d'échange social et la peur du « non » familier). Mais l'enfant pourrait-il dire « non » s'il ne l'avait jamais entendu auparavant, de la part de ses parents notamment, lui imposant un « non » quand il voudrait tant qu'ils lui disent toujours « oui » ? Il peut ainsi s'opposer à eux à certains moments structurants, à plusieurs reprises, dans des circonstances différentes et de plusieurs façons ; il peut avoir besoin de mentir, de voler, de taper son frère ou sa sœur ; il peut être amené à être agressif et éventuellement violent, pour se défendre. Tout cela fait partie d'un développement que l'on peut qualifier de « normal ». Combien d'enfants n'ayant pas eu recours à ces mécanismes défensifs présentent de graves pathologies de la communication ? Peut-être parce qu'ils n'ont pas pu expérimenter ce processus d'ajustement social que constituent les liens d'attachement au moment où « cela leur aurait servi de leçon »...

N'en déduisons pas pour autant que tous doivent être très, voire trop agressifs. Mais acceptons l'idée que, s'ils le sont, cela ne les empêche pas forcément de se développer normalement. Dans tous les cas, il est impossible de considérer que ces comportements sont prédictifs de quoi que ce soit dans les dix ou quinze ans à venir. Une telle « croyance » est signe de méconnaissance du développement, atterrant et inquiétant de la part de chercheurs ou de pédopsychiatres, censés recevoir des enfants avec leurs parents pour les aider à grandir, non pour les condamner à un avenir tracé ! Un soignant digne de ce nom, engagé dans une relation d'emblée thérapeutique, doit au contraire entreprendre la prise en charge dans le même mouvement que son diagnostic, précisément pour tenter, avec l'enfant et ses parents, de changer sa destinée. Il me semble donc définitivement plus constructif de considérer ses symptômes comme des appels à l'aide adressés à l'entourage.

3

Diagnostic et traitement : une rencontre et un suivi à long terme

La démarche diagnostique est au cœur de la problématique médicale. Avant d'en arriver à se poser la question de savoir dans quelle catégorie nosographique le patient va être « rangé », la rencontre entre un sujet et son médecin est d'abord et avant tout une rencontre humaine au cours de laquelle une démarche spécifique va aboutir à préciser de quoi le patient est atteint. Vient ensuite une deuxième étape, conséquence directe de la première, l'indication du traitement que le patient devrait suivre pour « guérir » de sa maladie. J'utilise à dessein le concept de guérison, afin de souligner la nature des demandes des parents : ils viennent d'abord pour guérir leur enfant de ses difficultés. Et il faut souvent un long travail ensemble pour qu'ils acceptent l'idée qu'il ne s'agit pas d'une guérison au sens médical classique, mais plutôt d'une réorganisation des forces pulsionnelles en présence chez l'enfant dans sa famille et qui avaient conduit à l'émergence de symptômes. Ce changement chez les parents conforte le travail psychothérapique de l'enfant sur les racines de ses symptômes personnels. Avec l'indication du traitement commencera un suivi qui peut durer quelques semaines ou de longues années. Dans une telle perspective, le diagnostic – entendu dans son sens étymologique : connaître quelqu'un en avançant avec lui dans le temps et dans l'espace – me semble assez bien correspondre à ce travail médical spécifique. Mais en même temps que le médecin exerce son art diagnostique, il accueille la souffrance de celui qu'il reçoit. Et, en pédopsychiatrie, la souffrance est toujours psychique, même quand le corps en est l'objet. Recevoir un patient consiste donc à accueillir sa souffrance psychique et à observer comment elle est représentée par les signes de sa maladie pour éventuellement en déduire une attitude thérapeutique.

À quoi servent les classifications ?

Les classifications sont donc des ensembles de signes réunis en syndromes, utilisés pour donner une place à une maladie dans le grand ensemble des pathologies. Elles ont un intérêt scientifique en ce qu'elles permettent une réflexion transversale sur les maladies, facilitent les recherches médicales par une possibilité de consensus entre les chercheurs et les praticiens sur le plan international. Si les choses sont relativement aisées avec les maladies à caractère somatique, elles se compliquent singulièrement avec les maladies psychiatriques. La tendance dominante actuelle des classifications est de se mettre d'accord sur les signes présentés par les patients, mais sans prendre parti d'une façon explicite[1] sur la recherche des causes, ce que l'on appelle l'étiologie. Dans ce cas, la classification est un système d'étiquetage a-théorique, pâle caricature de la démarche diagnostique médicale et, en tout cas à mes yeux, une attitude incomplète sur les plans éthique et thérapeutique. En effet, le diagnostic ne peut se réduire au modèle classificatoire fondé par Linné et repris en médecine par Sydenham. Si ce modèle a un énorme intérêt sur le plan de la recherche spéculative lorsqu'on essaye de comprendre les classes, les groupes et les familles d'espèces ou de maladies produites par la nature dans une perspective darwinienne, en médecine, il ne peut se suffire à lui-même : une démarche diagnostique n'est pas une fin en soi et contient en elle, par principe, la prescription d'une solution thérapeutique quand elle existe. Les classifications, internationales ou françaises, ne sont qu'un pas sur le chemin de la rencontre thérapeutique. Il s'agit de les remettre à leur juste place dans ce processus.

Aujourd'hui, il est de bon ton de brocarder les pédopsychiatres français parce qu'ils n'utiliseraient que la classification proposée par Misès. C'est oublier que ce grand pédopsychiatre avait prévu et réalisé avec son équipe de collaborateurs la publication d'un index de transposition de la classification française dans la version internationale ; cela permet, nous le verrons, de conserver les aspects spécifiques de la nosographie française, tout en s'articulant avec les critères reconnus internationalement.

1. Ce qui revient objectivement à favoriser les explications simplificatrices au détriment de la complexité.

Ainsi le choix d'une classification semble-t-il jouer un rôle dans la perspective que l'on souhaite adopter pour recevoir des enfants présentant les symptômes d'une souffrance psychique, les comprendre et les suivre tout au long de ce parcours parfois difficile, que ce soit en matière d'instabilité psychomotrice ou de trouble des conduites. Loin d'être uniquement des signes avant-coureurs d'échec ou de rejet scolaires ou de délinquance à l'adolescence, ces symptômes peuvent au contraire être les signes des expériences que l'enfant traverse ; et une fois ces expériences vécues et intériorisées, il va pouvoir justement s'appuyer sur elles pour, éventuellement, ne plus présenter ces comportements problématiques à l'avenir. Recourir à une classification aux seules fins de pouvoir communiquer ses résultats aux autres équipes de praticiens et de chercheurs partageant les mêmes références me semble recevable. Mais demander à ces mêmes classifications de devenir le seul manuel que les étudiants en pédopsychiatrie doivent apprendre pour appliquer leur art aux enfants est tout simplement désolant. Dans ces conditions, le risque est grand de transformer les pédopsychiatres en prescripteurs de traitements standard, antinomiques par définition aux processus psychothérapiques. La justification statistique ne suffit pas à fonder scientifiquement les prescriptions de psychotropes aux seules fins d'éradiquer des symptômes gênants. Et si la réussite ou l'échec d'une psychothérapie ne sont pas validés dans des statistiques (alors même que nombre de psychothérapeutes sont d'accord pour procéder à une évaluation de leurs méthodes, comme cela a été fait pour d'autres… à la suprématie desquelles on a conclu), cela ne veut pas dire que la psychothérapie d'inspiration analytique n'est pas efficace – mais que son efficacité n'a pas encore été évaluée, nuance très importante à souligner. En tout état de cause, l'adoption des classifications comme seule approche diagnostique comporte des risques évidents.

La tendance à la débauche expertale

La dérive de l'utilisation des classifications à des fins diagnostiques se manifeste par la floraison intempestive des expertises. Il n'est pas exagéré de parler de véritable débauche expertale.

En matière de psychiatrie, l'expertise consiste à apporter une réponse aux questions posées par les différents partenaires d'une situation problématique sur le plan psychopathologique. Par exemple, lors d'un divorce où est envisagée la garde alternée, le juge peut être amené à demander une expertise à un psychiatre adulte s'il a des doutes sur la capacité d'un des parents à assurer la protection des enfants. Ou, dans le cas d'une agression sexuelle, le juge se posant la question de son retentissement sur la jeune victime réclamera l'avis d'un expert pédopsychiatre. Mais l'expertise peut aussi concerner d'autres champs, comme les assurances, et permettre d'évaluer le degré d'incapacité après un trauma. Dans tous les cas, elle est un avis donné à un moment précis et portant sur un point particulier d'un processus juridique ; elle se différencie radicalement d'un diagnostic et d'une indication de prise en charge concernant l'enfant dans sa globalité.

Mon intention n'est pas de nier l'importance de la démarche des experts, mais de la resituer au niveau auquel elle devrait rester en matière médicale[1], celui d'une consultation exceptionnelle à l'occasion de difficultés à résoudre un problème inhabituel avec son expérience ordinaire.

Actuellement, l'un des risques majeurs du recours à l'expertise systématique est de transformer les personnes ayant un statut de soignant en « étiqueteur ». Or, habituellement, si un soignant a besoin de la démarche diagnostique pour soigner, c'est surtout parce que l'accompagnement du malade tout au long des soins va confirmer ou infirmer ses hypothèses diagnostiques de départ – ce qui d'ailleurs lui permettra de devenir plus expérimenté au fur et à mesure qu'il soigne. Imaginons un instant que l'évolution actuelle en matière d'expertise[2] se confirme : le travail de diagnostic sera

---

1. Je ne parle pas ici des expertises pénales demandées par les juges pour les éclairer sur des points qu'ils ne connaissent pas assez.

2. Le développement actuel de centres régionaux de référence en matière d'autisme, de troubles de l'apprentissage… montre, dans certains cas, les avantages que l'on peut en attendre (avis autorisé par un spécialiste en la matière), mais aussi, dans d'autres cas, les graves inconvénients qui peuvent survenir lorsque ces dispositifs sont utilisés d'une façon trop « expertales », notamment disqualification des avis autres que celui de l'expert, alors que les soignants qui suivent le patient sont souvent les mieux placée pour conduire la stratégie thérapeutique à long terme et à bon port !

confié à un expert, considéré comme incontournable. Mais s'il ne peut pas « pondérer » son premier avis par une prise en charge jouant le rôle de « rétrocontrôle » sur le diagnostic primaire, il deviendra progressivement incompétent dans son domaine d'expertise... sauf s'il prend lui-même les risques d'assumer la thérapeutique. La fonction des médecins conseils de la sécurité sociale illustre assez bien ce que j'essaye de montrer. Il se peut qu'ils soient de bons médecins ou qu'ils l'aient été antérieurement. Mais le fait de passer dans la catégorie de ceux qui donnent un avis sur une prise en charge, un soin, un diagnostic, sans continuer à être eux-mêmes en position de soigner, les condamne irrémédiablement à devenir malgré eux, non plus des médecins conseils, mais des quasi-ingénieurs conseils en médecine, c'est-à-dire des experts détachés des contingences de la thérapeutique. Il y a là un paradoxe à prendre en compte : soigner des enfants qui vont mal et les soigner à long terme devrait être réservé aux plus expérimentés. Mais comme, dans la plupart des cas, c'est aussi le travail qui demande le plus grand investissement personnel du soignant, ceux qui sont en situation de responsabilité et d'expérience peuvent avoir la tentation de confier ces tâches pénibles à leurs plus jeunes collègues. On sort ainsi de la logique souhaitable évoquée plus haut et on aboutit à ce curieux paradoxe : les enfants qui ont besoin des personnes les plus compétentes sont soignées par celles qui ont le moins d'expérience. Pour en sortir, la solution consiste à dissocier la démarche diagnostique de la démarche des soins. Les experts deviennent alors ceux qui posent le diagnostic grâce à leur expérience reconnue, et ils confient les enfants à d'autres pour la prise en charge.

De là la nécessité de rationaliser l'organisation des prises en charge en deux temps logiques successifs : le diagnostic fait par les experts et la prise en charge faite par les autres, ceux qui « restent[1] ». D'où l'importance de « profiler » le diagnostic selon les critères les plus simples pour aboutir à un consensus sur lequel tous les experts seraient d'accord. Pour cela, pas question de tenir compte du contre-transfert de chacun des experts diagnostiqueurs, ce qui dans le langage de la recherche serait immédiatement taxé de « biais », et donc nécessité d'en revenir à des choses non discutables : celles que l'on voit et sur lesquelles la « fidélité interjuges[2] » est suffisante selon les critères statistiques acceptés par la communauté scientifique. Comment s'étonner alors de voir le bien et le mal – c'est-à-dire la culture du seul bon sens qui simplifie souvent les problèmes d'une façon caricaturale – devenir la norme sur laquelle on va pouvoir facilement se mettre d'accord à propos des difficultés des

1. Le « reste » au sens du calcul simple : experts + reste = totalité des médecins.

2. Quand on veut valider un test diagnostique, on demande à plusieurs « juges » de donner leur avis sur les différents critères du test en question à partir des enregistrements vidéo d'un même patient. Le bon test est celui pour lequel la fidélité interjuges est élevée. Si cela peut convenir pour valider des signes objectifs, c'est en revanche beaucoup plus difficile pour des évaluations essentiellement subjectives.

enfants, et notamment du trouble des conduites ? C'est ce bon sens que certains hommes politiques cultivent déjà pour parler des difficultés en question, utilisant de surcroît l'inquiétude des citoyens inquiets de la montée de la violence, dans les quartiers et ailleurs, pour accréditer l'idée qu'elle vient de l'autre justement. Ils jouent ainsi sur un mécanisme archaïque commun à chacun d'entre nous, celui du bouc émissaire. Nous revenons alors aux bons vieux critères de l'histoire de la folie déjà mis au jour par Michel Foucault : Ce n'est pas moi, c'est l'autre ; ce n'est pas moi, c'est mon frère ou ma sœur ! Ces enfants mal élevés, ce ne sont pas les miens, mais ceux de mes voisins !

Si les expertises se séparent trop nettement des soins, et donc les experts des soignants, nous assisterons à un double dévoiement de la pratique pédopsychiatrique : une pratique expertale en lieu et place de diagnostic et de thérapeutique, avec son corollaire de judiciarisation de la médecine. En effet, la tendance actuelle est d'obtenir un avis pouvant s'imposer de façon incontournable aux personnes concernées. Pour cela, il est besoin de recourir à la justice… et à ses experts. Sur le plan juridique, l'expertise devient alors l'acte important au détriment du soin. D'où la crainte, pour les médecins, que la justice ne procède en cas de doute ou d'erreur diagnostique, d'être envoyés devant les tribunaux par un patient mécontent. À terme, le grand perdant de cette évolution sera le soin, donc les soignants et, en dernière extrémité, les patients. Le souci de perfection qui atteint notre monde actuel, loin d'être plus efficace en termes de résultats, n'a d'autre avantage que de « couvrir », par des primes d'assurance, les obligations légales en matière d'organisation des services et des fonctionnements des personnes. Les obligations de résultats, qui elles ne sont pas soumises à la logique juridique de la même manière, continuent à être du côté des choses attendues, espérées et idéalisées. Et je crains que l'idéalisation de l'acte expertal se fasse au détriment des actes diagnostique et thérapeutique. En termes plus triviaux : qu'importent les soins pourvu qu'on soit couvert juridiquement sur le plan du diagnostic par une bonne expertise !

Quand l'expertise édicte une norme

Tout cela peut-il influencer les pratiques pédopsychiatriques et, plus avant, l'éducation des enfants ? Oui, pour partie, parce que les expertises définissent progressivement une norme par la logique de la jurisprudence. Dans ce cas, la norme n'est plus une sorte de moyenne abstraite qui donne une idée des pratiques à un instant T, elle devient la référence incontournable dans un champ donné. Si on laisse la pédopsychiatrie s'engager dans cette voie qui consiste à médicaliser des troubles relevant des champs anthropologiques plus larges et encore plus complexes que la seule médecine, elle va, qu'elle le veuille ou non, devenir la référence normative en matière d'éducation des enfants. Il n'est que de voir l'impact des émissions télévisées « tout public » sur la question, et le nombre de consultations qu'elles déclenchent, souvent sans raison. Après une émission de Jean-Luc Delarue portant sur un sujet comme l'enfant hyperactif ou l'autisme par exemple, le secrétariat de mon service peut être littéralement pris d'assaut par des parents désireux d'obtenir un avis du professeur de pédopsychiatrie de la région. Cela montre d'ailleurs l'état de désarroi d'un grand nombre d'entre eux. D'où vient-il ? Pour une part, de leur difficulté à prendre des positions éducatives structurantes. Alors que la toute-puissance infantile, si elle n'est pas endiguée par les parents, peut venir ébranler l'édifice éducatif, tout se passe actuellement comme si dire « non » à son enfant, le limiter dans ses désirs, provoquait leur désarroi. Pour l'éviter ou le fuir, ils pourraient préférer s'en remettre aux normes qui font consensus, celles qui sont référées à une morale simple pour ne pas dire simplificatrice. Je ne crois pourtant pas – il faudrait être bien naïf – que des solutions toutes faites, des injonctions à faire ou ne pas faire puissent être efficaces un seul instant. La question est toujours d'aider des parents particuliers, avec un enfant particulier, à trouver en eux la force et la cohérence qui leur permettront de tenir bon sur des fondamentaux adaptés à chaque situation. On comprend alors que le dialogue interpersonnel est incontournable, et les conseils des médias, diffusés comme autant de messages publicitaires, ne peuvent se substituer à ce travail au cas par cas. À force de diktats normatifs, tout ce qui fait la richesse et la diversité d'un groupe social serait pourchassé puisque risquant de brouiller l'éducation type sur laquelle les positions consensuelles[1] se sont accordées. Imaginons que pour répondre aux écarts de conduite, la norme en (re)vienne à indiquer la longueur des cheveux pour les enfants, la couleur de l'uniforme, la durée du sommeil ou l'âge auquel on doit acquérir telle ou telle capacité, etc. Le pédopsychiatre sera alors chargé, non pas d'aider l'enfant et ses parents à comprendre pourquoi et comment l'expression de la souffrance psychique produit tel symptôme pour mieux en diminuer l'impact, mais plutôt de repérer, dépister ce qui chez cet enfant et ses parents se présente comme une différence par rapport à la norme établie par les statistiques. Et pourtant, André Bullinger[2], l'un des grands psychologues contemporains, évoque souvent « la richesse des écarts à la norme », ce à quoi je souscris. Mais qu'on ne s'y trompe pas, l'exercice périlleux de la prédiction devient alors une réponse à cet écart de l'enfant par rapport à la norme : votre enfant a tel pourcentage de « chances » de devenir délinquant puisqu'il présente tel ou tel signe dans ses jeunes années. Je veux bien admettre, à la rigueur, que

1. Dans ce cas, si j'utilise le mot de « consensuel », c'est pour indiquer la qualité du rapport des forces entre les gens en présence ; en fait, ici, il s'agit de profiter plus ou moins consciemment de la faiblesse des parents en difficulté avec l'éducation de leurs enfants pour leur faire accroire qu'un modèle standard est possible, réalisable sans trop d'efforts et qu'il résoudra toutes les difficultés qui se posent alors pour eux. Le consensuel est la condition qui permet l'érection d'un modèle valable pour tous.

2. Bullinger A., *Le Développement sensori-moteur de l'enfant, Un parcours de recherche*, Érès, 2004.

de tels propos soient tenus dans des cénacles scientifiques avertis des limites dans lesquelles ils doivent pouvoir être utilisés, celles de la raison statistique. En revanche, il est inacceptable et préoccupant qu'ils soient donnés tels quels, sans les précautions qui s'imposent, par le biais des médias. Ils aboutissent ainsi au même destin que l'oracle proféré par la pythie de Delphes, celui d'une certitude annoncée. Passons sur le sentiment de pouvoir et d'emprise sur l'autre obtenu par celui qui prononce de telles prédictions, pour insister sur le fait que l'ensemble du dispositif mis (ou à mettre) en œuvre à leur suite repose alors sur un sophisme : si tous les adolescents et jeunes adultes délinquants ont connu dans leur enfance des signes avant-coureurs de leur délinquance présente, alors, de tels signes étaient prédictifs. On oublie, et c'est sur cet oubli que repose la force persuasive et rhétorique du sophisme, que parmi tous les enfants présentant de tels signes seuls quelques-uns ont connu un avenir de délinquants. Plus grave encore, on pourrait en arriver très rapidement à proposer des solutions de type modulaire, consistant à imposer un « kit » médicamenteux et rééducatif pour tel trouble, non pas pour résoudre la question du sens de la souffrance de l'enfant, mais pour mettre en ordre ce que la symptomatologie du trouble des conduites était venue révéler. Le pédopsychiatre (re ?)deviendrait un régulateur social et un détecteur des écarts types pour « le service des biens ». Dans ce cas, il va sans dire que je ne pourrais plus exercer la pédopsychiatrie.

La fonction des symptômes

De quoi sont faits les symptômes qui permettent d'aboutir à ces classifications si insuffisantes et à ces diagnostics si problématiques ? Que représentent-ils, ou mieux qui représentent-ils ? La question demeure.

Il me semble, en première approximation, que les symptômes sont les manifestations de la souffrance d'un individu. Ainsi, une fièvre est le signe d'un certain nombre de maladies physiques dont le médecin recherchera d'autres signes chez le patient. Selon qu'il trouvera un syndrome inflammatoire ou des douleurs musculaires ou des vomissements ou une raideur de la nuque, le diagnostic ne sera pas le même et les traitements seront différents. Mais s'il s'agit d'une souffrance psychique, une fois écartée toute cause physique, la question sera de relier cette souffrance avec d'autres événements cliniques et historiques du patient pour comprendre la logique dont il témoigne. Freud le premier nous a éclairés sur la position de compromis que le symptôme occupe dans l'économie psychique des patients : cela nous incite donc à rechercher les éléments conflictuels qui ont présidé à son apparition et font qu'ils perdurent. Ainsi, à travers l'histoire de Hans, ce petit garçon de cinq ans ayant une peur maladive des chevaux, Freud met en évidence que cette phobie est un symptôme réalisant un compromis entre son désir œdipien pour sa mère et l'angoisse de castration (cette peur d'être puni de ce désir « coupable »). Refoulée, elle passe au niveau inconscient mais fait un retour dans le réel pour se manifester uniquement lorsque Hans se trouve face à un cheval. Ce symptôme ne vaut donc que pour le compromis qu'il représente entre le désir inconscient et les forces défensives qui sont à l'œuvre en chacun de nous. C'est le long travail fait par Freud avec le père de Hans qui a permis de décrypter les forces en jeu dans ce compromis névrotique, à l'origine de la souffrance du jeune garçon. Une « souffrance psychique » sur laquelle il convient de s'attarder.

4

La souffrance psychique

Le concept de souffrance psychique est récent dans l'histoire de la psychiatrie. Celui qui en prend soin porte le joli nom de « psychiste », terme créé par François Tosquelles[1], et qui pourrait rassembler les divers métiers de ceux qui se préoccupent de ces souffrances-là.

À mon sens, cette notion résulte en partie des avancées freudiennes et des changements apparents du statut de la folie dans notre monde contemporain. Freud nous a appris d'une façon profonde que la psyché humaine est complexe dans son fonctionnement et que nous pouvons tirer un grand parti de l'étude des troubles psychopathologiques survenant chez certains d'entre nous pour comprendre le développement normal. La métaphore du cristal qu'il nous propose – on ne distingue les lignes de forces d'un cristal que lorsqu'il est brisé – éclaire de belle façon la philosophie qu'il a contribué à mettre au jour : celle d'une communauté partageable entre les hommes,

1. Tosquelles F., *Éducation et psychothérapie institutionnelle*, Hiatus, 1980.

qu'ils soient malades mentaux ou non. Tosquelles, quelques décennies plus tard, reprendra à son compte cette manière de penser le monde de la folie : « Sans la reconnaissance de la valeur humaine de la folie, c'est l'homme même qui disparaît. » Dans cette logique fraternelle de la folie, il n'y a ni différence indépassable ni fossé infranchissable entre ceux qui vivent une expérience de déshérence psychopathologique et les autres. Cela va avoir pour conséquence énorme de justifier le travail thérapeutique visant à ramener les personnes en question au sein de la communauté à laquelle elles appartiennent. Même si elles sont psychotiques – la psychose représentant l'aliénation mentale de la façon la plus radicale – ce qui prévaut est leur appartenance à l'humain. À partir de ses premières expériences cliniques et thérapeutiques, et après quelques essais et erreurs, Freud va inventer la psychanalyse : une méthode pour penser autrement la psychopathologie mais aussi la thérapeutique. Basée sur la « relation de transfert » qui s'instaure entre le patient et son psychanalyste, elle vise à permettre au premier, en appui sur le second, de prendre connaissance de son propre fonctionnement psychique, grâce notamment aux productions de son inconscient : rêves, lapsus, actes manqués, histoire personnelle et familiale, exercice de la vie quotidienne, relations avec les autres, et autres symptômes… À partir d'une telle expérience, le sujet pourra prendre en main, au moins en partie, son destin pulsionnel. Il suffit pour un tel voyage de rencontrer un psychanalyste avec lequel une relation très inhabituelle peut se nouer jusqu'au moment, problématique, où elle pourra se dénouer, les objectifs ayant été atteints. Saint-Exupéry, dans son fameux récit, *Le Petit Prince*, a donné une belle allégorie de ce processus de nouage-dénouage de la relation transférentielle.

> « S'il te plaît, apprivoise-moi, dit le renard
> – Qu'est-ce que signifie "apprivoiser" ? demande le Petit Prince.
> – Apprivoiser, c'est une chose trop oubliée, ça signifie "créer des liens", dit le renard. [...] Tu n'es encore pour moi qu'un petit garçon tout semblable à cent mille petits garçons. Et je n'ai pas besoin de toi. Et tu n'as pas besoin de moi non plus. Je ne suis pour toi qu'un renard semblable à cent mille renards. Mais si tu m'apprivoises, nous aurons besoin l'un de l'autre. Tu seras pour moi unique au monde. Je serai pour toi unique au monde[1]... »

Voilà une belle mise en perspective de la relation transférentielle.

> « Que faut-il faire ? dit le Petit Prince.
> – Il faut être très patient, répondit le renard. Tu t'assoiras d'abord un peu loin de moi, comme ça, dans l'herbe. Je te regarderai du coin de l'œil et tu ne diras rien. Le langage est source de malentendus. Mais chaque jour tu pourras t'asseoir un peu plus près[2]... »

1. Saint-Exupéry A. de, *Le Petit Prince, Œuvres*, Gallimard, coll. « Bibliothèque de la Pléiade », 1959, p. 469-472.
2. *Ibid.*

Et c'est ainsi que le Petit Prince apprivoisa le renard. Mais, au moment de la séparation, il s'interroge sur l'intérêt de cette rencontre et, somme toute, sur la réalisation de ce cadre transférentiel : est-ce que cette relation n'est pas plus aliénante que libératrice ? Est-ce que je peux partir sans souffrances ? Est-ce que tu ne m'as pas plutôt lié à toi d'une façon définitive ?

> « Et quand l'heure du départ fut proche :
> – Ah ! dit le renard... Je pleurerai.
> – C'est ta faute, dit le Petit Prince, je ne souhaitais point te faire de mal, mais tu as voulu que je t'apprivoise...
> – Bien sûr, dit le renard.
> – Mais tu vas pleurer ! dit le Petit Prince.
> – Bien sûr, dit le renard.
> – Alors tu n'y gagnes rien !
> – J'y gagne, dit le renard, à cause de la couleur du blé[1]. »

Cette magnifique fable permet de comprendre que la séparation est douloureuse mais supportable : « Je supporterai la séparation car la couleur des blés me rappellera la couleur de tes cheveux. Autrement dit, la représentation que je conserverai de toi en moi me permettra de supporter ton absence. » Cette relation transférentielle ne vaut que parce qu'elle va donner accès aux personnages de notre monde interne, ceux de notre enfance, qui vont resurgir et être projetés sur la personne du thérapeute (on parle alors de réactualisation). Divers processus, notam-

1. *Ibid.*

ment celui de sublimation[1], vont être mis en œuvre pour donner du sens à nos représentations enfouies et aux souffrances psychiques occasionnées par toutes les séparations inévitables que nous avons traversées.

« La relation problématique que tu as entretenue avec ta rose sur ta planète d'origine va devenir l'objet d'un travail lors de nos rencontres, et peut-être en comprendras-tu quelque chose qui jusqu'alors t'avait échappé », pourrait proposer au Petit Prince le renard devenu psychanalyste…

Dans une telle perspective, la notion même de « souffrance psychique » vient prendre la place accordée par Freud à ce qu'il a successivement désigné comme « détresse primordiale », « angoisse automatique », « angoisse signal ». Selon lui, elle venait témoigner, pour le sujet, d'une urgence à agir, à dire[2], à signifier un des aspects de sa vie psychique qui ne pouvait pas être formulé avec des mots, ce que tout bon « névrosé occidental poids moyen » devrait pouvoir et savoir faire, fût-ce au cours d'une psychanalyse. Dans cette acception, la souffrance psychique est donc un état mental plus ou moins désagréable qui

1. La sublimation est un processus postulé par Freud pour rendre compte d'activités humaines telles que l'activité artistique et intellectuelle, sans rapport apparent avec la sexualité, mais qui apportent une satisfaction indirecte de la pulsion sexuelle.

2. Au sens employé par Oury qui différencie le « dire » du « dit », en référence à Levinas et à Lacan, afin de mieux mettre en évidence le mouvement spécifiquement humain qui recourt au langage pour passer du premier au second.

met le sujet en demeure d'en faire quelque chose, soit seul, soit avec d'autres, pour en diminuer l'impact négatif. Sinon, les symptômes risquent d'apparaître. Il paraît dès lors évident que la souffrance psychique revêt des statuts différents si elle survient chez un bébé, un enfant ou un adolescent, pour la première fois ou non, si elle est partageable ou non, authentique ou non, si elle s'accompagne d'une douleur physique ou non, si elle surgit en milieu précaire ou non... Mais, dans tous les cas, elle est un signe en provenance du sujet qui pourrait prendre forme dans la relation d'aide avec quelqu'un. À condition bien sûr d'avoir dans son éthique de travail le souci de considérer cette souffrance avec un statut dynamique, et non comme un papillon à épingler dans la classification internationale. L'hypothèse freudienne consiste à proposer un cadre, la relation transférentielle, dans lequel ce signe peut venir prendre place et éventuellement accéder au statut d'indice qui met sur la piste de son explication ou, mieux encore, de son interprétation. La nature de la souffrance psychique, sa manière de s'exprimer peuvent renseigner sur la structure du sujet, dès lors qu'un cadre thérapeutique permet de la déployer. La cure freudienne est l'une des voies royales pour y parvenir dans le cas des névroses. Et aussi dans toutes les graves pathologies de la personnalité : autismes, psychoses, schizophrénies, addictions... à condition que les thérapeutes adaptent leurs pratiques à ces problèmes spécifiques et inventent de nouveaux modes d'approche.

Cette conception de la psychopathologie a inspiré des praxis innovantes. C'est le cas de la psychiatrie de secteur en France. L'idée en est née peu après la Seconde Guerre mondiale, durant laquelle quarante mille malades mentaux sont morts de faim dans les hôpitaux psychiatriques français ; elle avait pour but de permettre à ceux qui avaient survécu à l'enfer de connaître une psychiatrie différente de celle qui existait jusqu'alors : la psychiatrie asilaire. La psychiatrie de secteur confie à une équipe de soignants (psychiatres, infirmiers, psychologues, assistants sociaux...) la charge d'un territoire géodémographique limité sur lequel ils vont assurer les soins et la prévention de la maladie mentale pour toute la population de ce secteur. Le concept de base de cette nouvelle façon de soigner est « la continuité des soins », qui tient compte de la relation transférentielle inventée par Freud. Elle offre, en effet, au patient la possibilité de construire une relation transférentielle avec le (ou les) soignant(s) qui assume(nt) sa prise en charge dans la durée, quels que soient les lieux dans lesquels il est et a été suivi. Un patient est suivi au dispensaire pour un trouble psychique par « son » psychiatre ; il doit être hospitalisé parce qu'il va plus mal et ne peut plus être suivi seulement en ambulatoire mais le psychiatre du dispensaire continue de le suivre pendant son hospitalisation. Lorsqu'il en sort, les soignants et le psychiatre vont poursuivre les soins tout le temps nécessaires.

Cette politique, qui vit le jour à partir des années 1972 environ, a transformé considérablement le paysage de la psychiatrie française, en permettant une intégration notable des concepts freudiens dans la pratique psychiatrique « ordinaire ». Si les premiers textes qui en ont permis l'instauration datent de 1960, la loi de 1985 en garantit pleinement la réalisation. Il s'agit donc aujourd'hui du mode légal d'organisation de la psychiatrie en France. De très nombreuses expériences extraordinaires en ont montré la pertinence, mais un courant technocratique et de plus en plus bureaucratique a progressivement rendu son essor difficile. Et ses détracteurs, oubliant son importance dans la révolution psychiatrique qu'elle avait rendue possible, ont voulu considérer la psychiatrie à l'instar de la médecine, sans lui accorder les quelques spécificités sans lesquelles un nouveau destin asilaire l'attendait au tournant de la modernité. Dans de trop nombreuses occurrences, la sectorisation symptomatique a remplacé la sectorisation géodémographique. Ainsi, certains psychiatres se sont désormais spécialisés dans une seule et unique pathologie et, peut-être sans le vouloir ni le savoir consciemment, ils « trient » les patients dont ils vont s'occuper en fonction des seuls symptômes qu'ils présentent. Alors que la logique de la psychiatrie de secteur demandait au psychiatre et à son équipe de recevoir tous les patients du secteur dont ils avaient la charge, sans discrimination, la nouvelle logique donne la possibilité au psychiatre « moderne » de choisir ses patients et donc de ne pas se sentir responsable de ceux qu'il ne retient pas dans sa « patientèle ». Là encore, la classification symptomatique peut venir jouer un rôle ségrégatif dans l'exercice de la psychiatrie.

À la suite de cette évolution est apparue progressivement la notion de « santé mentale » comme la « matière » sur laquelle la prévention peut jouer son rôle.

Des expériences très intéressantes en ont résulté. On peut citer, entre autres, les « unités du soir » de Diatkine, destinées aux adolescents en difficultés psychopathologiques scolaires et comportementales, et qui se situent dans l'espace intermédiaire entre le collège et la famille, et les fameuses « maisons (ou)vertes » créées par Dolto pour prévenir les troubles de la séparation-individuation du jeune âge. Dans les deux cas, l'idée qui prévaut est de proposer un dispositif en amont de la constitution des symptômes, ce qui permet de parler d'une authentique politique préventive. En effet, ces deux dispositifs très différents sont inscrits dans la cité, et si les « accueillants » sont des spécialistes de la psychopathologie, la mise à disposition de leurs compétences n'a pas lieu dans des espaces de relégation comme c'est trop souvent le cas, et c'est sans doute ce qui donne à ces « inventions » leur force et leur efficacité.

Mais si la notion de santé mentale a permis de notables avancées en matière de prévention concrète, elle devient préoccupante quand elle est utilisée en opposition avec celle de « maladie mentale ». Cette opposition a contribué au retour d'une séparation conceptuelle qui avait eu tendance à s'amender grâce à la double pratique freudienne et sectorielle. La santé mentale devient l'état normal de tout citoyen disposant de ses capacités habituelles. Dans les cas où elle s'altère, il faut la retrouver et les psychiatres sont là pour y aider. Mais alors, qui s'occupe des patients étiquetés « malades mentaux » ? La maladie mentale étant désormais reconnue comme un handicap, ils sont adressés aux « maisons des personnes handicapées » qui orientent vers un établissement spécialisé, attribuent éventuellement une allocation… Le risque est que les psychiatres psychothérapeutes désertent le champ de la maladie mentale[1] pour celui des « normosés » (Ayme) et de leur santé mentale, et laissent aux seuls prescripteurs de psychotropes, souvent non psychothérapeutes, le « soin » d'éradiquer les symptômes trop pénibles : le délire, les hallucinations, l'agressivité, la violence, l'hyperactivité… Pourtant, la souffrance psychique devrait pouvoir mobiliser autrement les ressources disponibles.

Bébé en souffrance

Voici comment Joey, un écrivain de six semaines mis en scène par Daniel Stern, décrit le monde de ses sensations, donnant par son récit une idée de la souffrance psychique du bébé.

> « Une tempête menace. La lumière se fait métallique. La marche des nuages à travers le ciel est rompue. Des lambeaux de ciel s'écartent dans différentes directions. Le vent gagne en force, dans le silence. Il y a des sons violents, mais rien ne bouge. Le vent et son mugissement se sont séparés. Chacun d'eux pourchasse son partenaire perdu, tour à tour. Le monde se désintègre. Quelque chose va se passer.

1. Coupechoux P., *Un monde de fous*, Le Seuil, 2006.

Le malaise grandit. Il se répand à partir du centre, se change en douleur.

C'est au centre que la tempête éclate. C'est au centre même qu'elle croît en force et se transforme en vagues rythmées. Ces vagues repoussent la douleur, puis la ramènent à nouveau.

Le vent, les sons et les lambeaux de ciel sont tous aspirés par le centre. Là, ils se retrouvent et sont réunis – seulement pour être expulsés, projetés au loin, puis réaspirés pour former la vague suivante – plus sombre, plus forte.

Les vagues rythmées s'enflent pour dominer le paysage tout entier. Le monde hurle. Tout explose, éclate, puis s'affaisse et revient brusquement grossir un nœud de douleur qui ne peut durer, mais qui dure pourtant[1]. »

Ces derniers temps, en psychiatrie, le bébé est devenu un enjeu et une préoccupation dignes du plus grand intérêt, mais aussi le sujet d'une possible rencontre. Les avancées médicales du XXe siècle ont radicalement changé le destin des nouveau-nés. La pédiatrie peut s'enorgueillir d'avoir organisé de nouveaux dispositifs cliniques et thérapeutiques, et les services de pédopsychiatrie proposent maintenant des manières de penser et des façons de faire avec la souffrance psychique des bébés sous ses différentes facettes et tout au long de son développement, y compris avant la naissance. Les recherches récentes ont même mis en évidence l'intérêt de se pencher sur la vie fœtale pour mieux accueillir le bébé, sur le plan physique

1. Stern D., *Journal d'un bébé*, trad. Corine Derblum, Calmann-Lévy, 1992, p. 47-48.

mais aussi sur le plan psychique, et mieux tenir compte des interrelations avec ses parents. Dans les services de néonatalogie, de pédiatrie, de génétique et de gynéco-obstétrique, des psychologues et des pédopsychiatres interviennent pour apporter un point de vue psychopathologique. Ainsi, par exemple, les souffrances physiques et psychiques importantes dues à la grande prématurité sont prises en compte, aussi bien au niveau des parents et du bébé que des équipes soignantes. En pédiatrie, il est aujourd'hui admis qu'un pédopsychiatre est nécessaire pour accompagner les enfants et leurs parents dans leurs maladies physiques, souvent causes de souffrances psychiques, notamment dans les pathologies chroniques. Ces nouveaux exercices de la pédopsychiatrie portent le nom de « pédopsychiatrie de liaison ». Et la récente circulaire concernant la psychologie périnatale, dite circulaire Molénat (juillet 2005), du nom de son inspiratrice, vient confirmer officiellement les travaux préliminaires qui en ont permis l'instauration. Ce texte insiste avec juste raison sur le fait que tout doit être mis en œuvre pour permettre aux intervenants de première ligne : obstétriciens, sages-femmes, médecins généralistes, de remplir leur mission jusques et y compris dans ses aspects psychologiques. Cette notion fondamentale permet de lutter efficacement contre la tendance « naturelle » au clivage psyché-soma qu'on retrouve dans la plupart des pratiques médicales d'aujourd'hui. Ainsi, le « psy » n'est pas « utilisé » pour s'occuper de tout ce qui n'est pas un geste technique, attitude qui réduit la médecine à la seule technicité, oubliant qu'elle est avant tout une modalité de la relation humaine et, en cela, chargée d'en assumer les divers aspects, dont l'aspect psychologique. Dans ces circonstances, la rencontre avec le « psy » se fait en cas de nécessité et à la suite d'une indication posée par les praticiens de première ligne, et non par défaut, ou comme un examen complémentaire, entre le fond d'œil et l'analyse d'urines !

Mais comment comprendre cette souffrance psychique dans la pratique de la médecine ? A-t-elle à voir avec une rupture dans la continuité de l'existence ? avec la disparition de repères habituels ? En 1926, Freud écrit : « La vie intra-utérine et la première enfance sont bien plus en continuité que nous le laisse croire la césure frappante de l'acte de la naissance. L'objet maternel psychique remplace pour l'enfant la situation fœtale biologique. Ce n'est pas une raison pour oublier que dans la vie intra-utérine la mère n'était pas un objet pour le fœtus, et qu'il n'y avait alors pas d'objets[1]. » Par ces mots, il rétablit la continuité entre les états successifs de fœtus-bébé-petit enfant, ce qui permet de mieux en étudier l'évolution et, surtout, de la favoriser.

C'est à partir de la description de l'autisme par Léo Kanner et de la dépression du nourrisson par René Spitz qu'a été fondée la pédopsychiatrie. Pour comprendre les origines, les signes précoces et les facteurs sinon causaux, du moins déclenchants de ces pathologies lourdes, l'intérêt d'une démarche de prévention est bientôt apparu. D'où

1. Freud S., *Inhibition, symptôme et angoisse, Œuvres complètes*, XVII, PUF, 1992, p. 62.

l'attention progressivement portée au bébé qui est désormais l'objet d'une nouvelle approche. Trop longtemps, en effet, nous avons vu dans nos cabinets des enfants déjà plus si petits, déplorant qu'ils nous arrivent si tard. Si cela avait été possible, la thérapeutique, la prise en charge, la prévention secondaire auraient sans doute permis que les symptômes ne soient pas aussi noués et fixés. Ainsi est née la « psychiatrie du bébé[1] », qui consiste à développer une préoccupation pédopsychiatrique primaire : comment se former à recevoir, à comprendre, à observer des bébés, non seulement dans les situations de la vie courante, mais aussi, surtout en ce qui concerne la pédopsychiatrie, dans des situations où ils présentent une souffrance psychique ? Et sans jamais perdre de vue cette particularité : « Un bébé tout seul, ça n'existe pas », comme le dit Bernard Golse qui, à la suite de Winnicott, insiste sur le fait qu'il s'agit toujours d'un bébé en interaction avec son environnement familial, notamment maternel.

Les théories à l'origine d'une psychopathologie dynamique ont aidé beaucoup d'entre nous dans cette entreprise : la psychanalyse, la méthode d'observation directe selon Esther Bick, la théorie de l'attachement[2]… Si

1. Golse B., « La psychiatrie du bébé », in *Dictionnaire de psychopathologie de l'enfant et de l'adolescent,* Houzel D., Emmanuelli M., Moggio F. (dir.), PUF, 2000, p. 91-93.

2. Delion P., « Les premiers liens mère-bébé à l'aide des liens psychanalyse-théorie de l'attachement », 8e Salon international sur la psychiatrie et le système nerveux central, symposium : « Attachement et approche psychanalytique des premiers liens mère-bébé », Durand B. (coordonnateur), 30 novembre 2000.

Freud, fondateur de la psychanalyse, a pu montrer son génie à l'œuvre avec les petits aussi, ce sont d'autres psychanalystes qui se sont intéressés à l'enfant, et même assez rapidement au bébé. Parmi eux, Melanie Klein que ses travaux sur les psychanalyses d'enfants ont conduit à aborder la question des « angoisses archaïques », signes directement en rapport avec la souffrance psychique des bébés. Ces angoisses archaïques, appelées plus tard « agonies primitives » par Winnicott, sont décrites ainsi : tomber en morceaux, tomber sans fin, n'avoir aucune relation avec son corps. Elles sont la manifestation d'une expérience que tout bébé connaît temporairement, mais on les retrouve aussi, envahissant tout le champ de la pensée, dans des pathologies graves, telles que l'autisme et la psychose infantile. À partir de 1948, une des élèves de Klein, Esther Bick, devenue responsable de l'enseignement de la psychothérapie d'enfant à la British Psychoanalytic Society, a proposé une méthode d'observation des bébés, depuis la naissance jusqu'à l'âge de deux ans, qui porte désormais son nom : il s'agit d'aller une fois par semaine voir l'enfant au sein de sa famille, de rédiger ensuite un compte rendu détaillé sur le bébé, ses interactions avec son environnement et l'effet « contretransférentiel » produit sur l'observateur, et enfin de le lire in extenso devant un groupe supervisé par un psychothérapeute formé à la méthode. Cette approche a permis d'envisager le développement du bébé d'une autre manière que dans le cadre de la psychanalyse classique et certains praticiens l'ont reprise. Didier Houzel notamment a formé un groupe de soignants à cette méthode afin de travailler auprès des tout-petits souffrant de dépressions, de maladies psychosomatiques, ou présentant des risques d'évolution autistique. Les résultats très positifs montrent que l'observation à des fins thérapeutiques et l'attention mise au service du bébé et de ses parents peuvent constituer l'une des réponses à la souffrance psychique du nourrisson.

La théorie de l'attachement de John Bowlby est une autre référence, car elle vient apporter un éclairage sur la compréhension de la souffrance psychique du bébé et du jeune enfant. Elle montre que, selon le milieu dans lequel il va se développer, sécure ou insécure, le bébé va pouvoir s'attacher d'une façon plus ou moins solide. Mais ce comportement d'attachement est d'abord un réflexe archaïque, presque animal, d'agrippement essentiellement. C'est grâce à la pulsion libidinale qu'il va s'humaniser, pour devenir une compétence du bébé. Bowlby est lié avec l'histoire de la psychanalyse d'une façon beaucoup plus intriquée que le disent certains. Et l'histoire de l'école hongroise montre à l'envi que les liens existant entre ses différents membres (Sándor Ferenczi, Melanie Klein, Imre Hermann, Leopold Szondi, Mickaël Balint) se sont poursuivis dans la psychanalyse anglaise à laquelle Bowlby a contribué sans équivoque. Ses travaux font d'ailleurs une large place à Hermann, ce grand psychanalyste que Freud appelait affectueusement « notre philosophe », et qu'on ne peut réduire à ses recherches et à son intérêt pour l'éthologie des singes. La théorie de l'attachement, loin d'être opposable à la théorie psychanalytique, se révèle un maillon nécessaire à son déploiement. Même si Freud ne parle pas d'attachement mais d'identification, premier lien affectif à l'autre, sa théorie de l'étayage pulsionnel (c'est par le biais des pulsions que l'on projette sur l'autre que l'on va pouvoir se construire en tant que sujet) se conjugue très utilement à ce qu'il est désormais convenu de nommer la « pulsion d'attachement » bowlbienne.

Quoi qu'il en soit, tout ce travail a naturellement pris sens dans le cadre du dispositif de la psychiatrie de secteur dont j'ai déjà parlé et auquel nous tenons beaucoup pour les avancées très importantes qu'il a permises.

Cependant, une rencontre entre les bébés présentant une souffrance psychique et les pédopsychiatres n'est pas simple à aménager. Encore faut-il que les professionnels de la petite enfance soient formés à repérer les signes de cette souffrance et acceptent de nous adresser ces bébés et leurs parents afin que nous puissions les aider, notamment en retrouvant avec eux le chemin de leurs compétences complémentaires.

À ce propos, si Brazelton a dit que « le bébé est une personne », Daniel Marcelli[1] attire notre attention sur le fait que justement « le bébé n'est pas une personne, mais plutôt qu'il n'est encore personne au tout début de sa vie », dans le sens où il est quasi contraint d'intéresser à sa « petite personne », sa mère, la « grande personne »

1. Marcelli D., intervention orale, congrès de la Société française de psychiatrie de l'enfant et de l'adolescent, Schmit G. (dir.), Reims, 2000, notes personnelles.

dont il est totalement dépendant du fait de sa néoténie[1]. Dans cette apparente différence radicale de position coexistent deux vérités qui ne sont pas exclusives l'une de l'autre. D'une part, le bébé de Brazelton tourne délibérément le dos à une époque pendant laquelle il n'était que la poupée de cire que les parents allaient progressivement modeler pour, l'ayant éduqué, arriver à en faire un enfant porteur de toutes les potentialités humaines. À cette époque, le bébé n'est presque rien, ses parents et la société sont presque tout. Proclamer que le bébé est une personne vient alors affirmer que, dans certaines conditions, il peut montrer de grandes compétences. Brazelton tient compte à la fois de la leçon freudienne (il a travaillé avec Spitz), mais aussi de celle du pédiatre français Grenier et de sa découverte de la motricité libérée, ou comment le bébé, libéré des contraintes dues à la pesanteur, peut montrer des capacités étonnantes.

Mais Daniel Marcelli, en proposant « le bébé n'est pas une personne », insiste sur le fait qu'on ne doit pas tout demander au bébé sous prétexte qu'il serait une personne. Dans ce cas, ne pourrait-il pas soigner ses parents ? Ne pourrait-il pas les rendre raisonnables ? Ne pourrait-il pas devenir plus vite que prévu une *personne* ? Tout le monde connaît maintenant ces enfants hypermatures qui se sont épuisés à mettre leur énergie psychi-

1. Caractéristique du petit d'homme, qui naît dans un état de très grande dépendance, le soumettant à la présence d'un parent sans laquelle il ne pourrait survivre. La plupart des animaux sont rapidement capables de se « débrouiller » seuls plus facilement.

que au service de certains aspects immatures, voire pathologiques de leurs parents. Nous verrons d'ailleurs comment cela peut éclairer les troubles des conduites de certains.

Il me semble donc sage d'en revenir à un juste milieu entre ces deux positions, notamment en insistant sur l'importance structurante des interactions parents-bébé. En effet, ce sont les angoisses archaïques du premier qui mettent les seconds en demeure de réagir. Pour un auteur comme Bion, les appels de bébé (cris, pleurs, sourires...) pour manifester ses besoins, appelés éléments bêta, se transforment en éléments alpha si la maman réussit à les interpréter correctement et à y répondre de façon adéquate. Bion parle alors de la fonction alpha de la mère. Il arrive pourtant que l'interprétation du besoin soit fausse, auquel cas l'élément bêta non transformé reste sous sa forme d'origine et peut devenir « élément bêta bizarre » qui resurgira ultérieurement dans la vie de l'enfant, par exemple sous la forme d'une hallucination. La fonction alpha est donc essentielle au développement : grâce à elle, le parent « psychise » les sensations brutes de son bébé, à travers une interaction faite de partages émotionnels, qui sont l'objet de commentaires des parents – ce qui a fait dire à Françoise Dolto que le bébé se développait dans un « bain de langage ». Ainsi, le travail essentiel de liens entre les représentations de choses et les représentations de mots peut se faire. Il s'agit là, à mon sens, d'un des acquis les plus importants dans la vie de bébé. Freud l'a très bien montré, en 1920, à travers une expérience désormais fameuse faite par son petit-fils[1]. Alors que ses parents viennent de partir, celui-ci se met à jouer. Une petite bobine en bois, comme celles sur lesquelles nos (arrière-)grands-mères enroulaient le fil à coudre, est attachée par une ficelle au bord du berceau. L'enfant l'attrape et la jette successivement, accompagnant son geste de « aaaa » et de « ooo ». Freud y entend *da* (là) et *fort* (loin), mots par lesquels son petit-fils oppose la bobine présente et la bobine absente. Ce jeu apparaît comme une stratégie de défense mise en place par l'enfant pour ne pas sombrer dans la détresse due au départ de ses parents ; en mettant en scène la situation de séparation qui lui était imposée, il parvient à la maîtriser ; enfin, non content de la représenter, il la dit, traduisant dans le langage par deux mots différents chaque position de la bobine. Cette double articulation entre la représentation de chose (bobine/maman) et la représentation de mot (*fort/da*) signifie qu'il extrait du bain de langage environnant les éléments propres à représenter les situations de sa vie quotidienne. Rappelons d'ailleurs que si l'état de détresse, la *Hilflosigkeit*, constitue pour Freud une référence constante, l'« état du nourrisson qui, dépendant entièrement d'autrui pour la satisfaction de ses besoins, s'avère impuissant à accomplir l'action spécifique propre à mettre fin à la tension interne[2] », ce monde rempli d'éléments bêta va connaî-

1. Freud S., *Au-delà du principe de plaisir, Œuvres complètes*, XV, PUF, 1996, p. 273-338.

2. Laplanche J., Pontalis J.-B., *Vocabulaire de la psychanalyse*, PUF, 1990.

tre une embellie avec l'appropriation progressive du langage articulé dans les paroles. La souffrance psychique n'est donc pas sans rapport avec la constatation de cette incomplétude fondamentale du bébé ; mais l'observation freudienne du *fort-da* nous permet de penser que si le bébé manifeste bruyamment son plaisir à maîtriser l'absence maternelle par une sorte d'« assomption jubilatoire[1] », il va, en revanche, souvent rester silencieux en ce qui concerne l'expression de sa souffrance psychique. Cela ouvre la série des travaux de Kreisler[2] sur ce qu'il a nommé une « symptomatologie en creux » : le bébé a un comportement de retrait, dans sa vie physiologique comme dans sa vie psychique, présentant des signes de souffrance en négatif (diminution de l'appétence relationnelle interactive, diminution ou disparition des gestes psychomoteurs...) qui mettent le parent ou le professionnel en demeure d'aller à sa rencontre.

Tous ces travaux ont permis de montrer que les bébés peuvent souffrir de « douleurs » non seulement dans leur corps, ce qui est maintenant admis[3], mais aussi dans leur psyché. Le pédopsychiatre est, en effet, amené à recevoir des bébés présentant une souffrance psychique qui est, le plus souvent, sans lien avec une maladie organique – auquel cas,

1. Lacan J., « Le stade du miroir comme formateur de la fonction du Je », *Écrits,* Le Seuil, 1971, p. 90.

2. Kreisler L., *Le Nouvel Enfant du désordre psychosomatique,* Privat, 1987.

3. Gauvain-Piquard A., « La douleur et le bébé », in *Psychopathologie du bébé,* Lebovici S., Weil-Halpern F. (dir.), PUF, 1989, p. 439-447.

il est indispensable de pouvoir compter sur un pédiatre, garant de la prise en charge spécifique qui s'impose. Cette souffrance est alors due à des interactions pathologiques[1] dans lesquelles on distingue habituellement trois niveaux : affectif, comportemental et fantasmatique – sans compter les aspects biologiques et symboliques qui bordent ces interactions. Il peut s'agir de bébés pris dans des problématiques transgénérationnelles, devenant ainsi le lieu de projection des fantasmes parentaux (par exemple la difficulté d'endormissement du bébé peut actualiser chez sa maman le souvenir traumatique d'une même difficulté chez son propre père, précédant des décompensations maniacodépressives) ; de bébés ne supportant pas les séparations que la société impose aux mères en leur demandant de reprendre leur travail trop tôt pour leur rythme personnel, et qui souffrent de tel ou tel mode de garde ; ou de bébés pris dans des modifications brutales de leur environnement familial (autrement appelé *setting*) à l'occasion de ruptures, de deuils, de recompositions familiales complexes et incertaines, de pathologies parentales, ou encore de problèmes sociaux graves, dans le cadre des familles à problèmes multiples, celles que G. Diatkine[2] nomme les « familles sans qualités ».

---

1. Lebovici S., *Le Nourrisson, la Mère et le Psychanalyste, Les interactions précoces,* Paidos, Centurion, 1983.
2. Diatkine G., « Les familles sans qualités », in *La Psychiatrie de l'enfant, Les troubles du langage et de la pensée dans les familles à problèmes multiples,* vol. XXII, p. 237-273, PUF, 1, 1979.

À partir de ces diverses situations, dont la liste est loin d'être exhaustive, les questions se posent : comment faire avec la souffrance psychique du bébé ? comment la caractériser ? comment la comprendre ? comment la traiter ? comment former les professionnels de la petite enfance à en tenir compte, et en premier lieu les médecins et les soignants de différents statuts ?

Mieux vaut laisser la parole au petit Joey :

> « Tout à coup, je suis perdu. Je ne trouve plus l'étoile de maman, et ses lignes de force ont faibli. L'espace est devenu illimité. Rien ne me tient. Je me dissous tels des grains de sel dans l'océan de l'espace. Je panique. Où est-elle ? Mon cri est lancé. Elle est quelque part, tout près, mais je ne peux la voir. Je sens vaguement sa force qui m'attire, mais je ne sais pas où. Où est-elle ? Je cherche à l'aveuglette à rattraper une de ses lignes de force. Mon cri a trouvé prise. J'entends et sens sa traction en réponse. Son appel vient comme un choc sur un bloc de glace translucide. Le coup laisse un lacis dont les lignes de faille et les plans restructurent l'espace. Ainsi, mon monde est transformé par sa voix. Grâce au tracé de cette nouvelle carte, je retrouve mon chemin jusqu'au point de choc, jusqu'à sa voix, jusqu'à elle. De retour auprès d'elle, mon port d'attache, ma panique se dissipe sur la peau de ma poitrine et de mon cou. L'apaisement commence à la surface et s'écoule vers l'intérieur. Dans le sillage de cet apaisement, je me retrouve. L'attraction de sa présence à elle me permet de me ramasser sur moi-même, de sortir de l'espace. Je reprends forme à nos points de contact. Je me retrouve. Je sens l'apaisement me pénétrer. Mais

lentement je prends conscience, une fois encore, des espaces immenses qui nous entourent. Faiblement, je les entends m'inviter à nouveau[1]. »

Faire retrouver au bébé ses points de contact, comme Daniel Stern nous y invite, construire pour lui avec ses parents d'autres supports solides sur lesquels il pourra s'arrimer pour sortir de sa souffrance psychique, tels sont bien les enjeux d'une psychiatrie du bébé de formation psychodynamique. Il ne fait aucun doute à mon sens que c'est par là que nous prévenons des troubles psychopathologiques chez l'enfant plus grand. Non pas en faisant du dépistage avec visée de rééducation, mais en prenant en considération une souffrance psychique qui, sinon, ne trouverait pas d'autre manière de s'extérioriser que celle d'une symptomatologie bruyante, dont l'instabilité psychomotrice, les troubles du comportement et des conduites sont les exemples les plus évidents.

Lino a la bougeotte

Lorsque je reçois Lino pour la première fois, il a dix ans. Depuis plusieurs années, il est en difficulté à l'école d'où il revient avec des bulletins insistant invariablement sur ses troubles de l'attention. Préoccupés, les parents en

1. Stern D., *Journal d'un bébé,* trad. Corine Derblum, Calmann-Lévy, 1992, p. 120-121. Dans cet extrait, Joey a maintenant douze mois.

ont parlé à leur généraliste qui, s'avouant incompétent en la matière, a proposé de les orienter vers le professeur de pédopsychiatrie de la faculté de médecine. Dans un premier temps, les parents ont préféré se renseigner sur Internet, mais se sont retrouvés submergés par une quantité impressionnante d'informations et de conseils, à tel point qu'ils ont finalement décidé de voir un pédopsychiatre proche de leur domicile. Celui-ci les a aiguillés vers un psychomotricien souvent confronté à des « hyperactifs » et, pendant un an, Lino a suivi des séances, mais sans amélioration notable. C'est pourquoi les parents ont insisté auprès du pédopsychiatre afin qu'il les recommande à ma consultation.

La première rencontre avec Lino me permet de mettre en évidence une instabilité psychomotrice importante et des troubles de l'attention manifestes. À peine m'a-t-il dit bonjour qu'au lieu de s'asseoir il va se poster devant mon ordinateur et commence à me poser des questions sur le logiciel, la mémoire, mes préférences en matière de messagerie... Ce qui amène sa mère, désespérée, à intervenir : « Vous voyez, Lino, c'est ça tout le temps ! » Le garçon s'assoit alors en me regardant dans les yeux avec tristesse et l'air de me dire : « Tu vois ce que j'ai à endurer tout le temps avec ma mère ! »

Quand nous commençons à parler des raisons qui les amènent, Lino se relève au bout de quelques instants, intéressé par une voiture en bois posée sur une des étagères de ma bibliothèque ; il la prend pour l'observer en détail, ce qui lui vaut une remarque de sa mère : « Fais attention, c'est sûrement une voiture de collection, ne la casse pas ! » Je la rassure et demande à Lino s'il aime les voitures, mais il ne me répond pas et repose l'objet sur mon bureau, comme si d'un seul coup il avait perdu tout intérêt. Avec sévérité, sa mère lui dit de remettre la voiture à sa place, tout en me jetant un regard anxieux. Lino obtempère et se rassoit, sortant aussitôt une pile de petites cartes qu'il bat ostensiblement devant nous. Tandis que sa mère égrène la liste interminable des griefs et reproches qu'elle a à son encontre et qui vont me permettre de mieux connaître certains éléments cliniques, Lino se perd dans la compilation de ses petits trésors de carton.

Lorsque je reste seul avec lui pour avoir son point de vue sur la situation, son attitude change sensiblement. S'il peut parler de ses difficultés de concentration et d'attention à l'école avec une certaine précision, son instabilité reste entière et il ne cesse de bouger ses jambes et ses bras, de se manger les ongles, de regarder partout sans jamais poser son regard et sans réussir à s'apaiser un peu. Au contraire, le dialogue avec lui va faire apparaître plus clairement les manifestations d'une angoisse psychomotrice, accompagnée d'éléments dépressifs sous-jacents. Tout se passe comme si Lino ne pouvait me dire ce qui l'inquiète, mais le traduisait par son comportement moteur. Je ressens moi-même à quel point les parents doivent être angoissés par ce malaise qu'ils perçoivent chez leur fils, sans bien savoir comment l'aider, et je comprends mieux l'agacement de la mère lors de cette première rencontre. Lino est par ailleurs un garçon intelligent, et il est clair que les parents, bien que convaincus de ses capacités, sont déstabilisés par son agitation et ne cessent finalement de lui faire des remarques et des reproches pour tenter de le ramener à un comportement plus « normal ».

À l'issue de cette première consultation, je ne peux que confirmer le diagnostic d'instabilité psychomotrice avec troubles de l'attention du premier pédopsychiatre. Mais je suis préoccupé par l'angoisse et les affects dépressifs que je perçois chez Lino. Je réserve pour plus tard quelques investigations complémentaires, notamment si je suis amené un jour à prescrire un traitement médicamenteux. Comme nous sommes en juillet, je propose de revoir Lino dès mon retour en septembre et, éventuellement, de demander d'ici là à une des psychologues du service de le recevoir pour faire un bilan du niveau intellectuel. J'insiste pour qu'il accepte un test projectif de Rorschach[1] qui permettra de mieux cerner la nature de l'angoisse et la fonction de la dépression déjà évoquées.

Comme toujours, il va me falloir un peu de temps pour connaître l'histoire de Lino. Les premiers troubles sont apparus durant un mois de vacances passé chez ses grands-parents maternels. Il a commencé à ne pas très bien dormir, à être souvent absent lorsqu'on lui parlait, à ne pas pouvoir rester en place et à être toujours en

1. Le test de Rorschach est constitué de planches réalisées à partir de tâches d'encre symétriques. Il permet de mieux approcher la personnalité d'un patient par une analyse codifiée des réponses aux questions posées devant chaque planche. Ce test vient compléter utilement la consultation psychiatrique.

mouvement dans la vie quotidienne. À la fin de ce séjour, la grand-mère avait conclu que Lino avait « la bougeotte » et insisté pour que sa fille trouve un psychiatre afin de lui prescrire « le » médicament dont elle avait entendu parler à la télévision... Durant les deux années suivantes, la « bougeotte » de Lino va aller en empirant et, à l'école, le CE2 et le CM1 sont particulièrement difficiles. Lino a une tendance à se montrer dissipé et, même si son intelligence lui a permis jusque-là de se rattraper sans problème à chaque évaluation, les instituteurs prédisent que, s'il continue dans cette direction, il aura toutes les peines du monde à passer en sixième dans des conditions satisfaisantes. C'est à ce moment-là que sa mère, véritablement inquiète, a pris rendez-vous avec le pédopsychiatre.

Dans ce récit, je ne vois rien de bien extraordinaire qui puisse expliquer pourquoi ce garçon semble en souffrance à ce point. Et il faudra plusieurs consultations pour que l'enfant et ses parents puissent éprouver leur confiance envers moi, nouveau venu dans leur vie, et pour que je puisse me faire un avis plus approfondi sur sa souffrance. Le bilan psychologique et le compte rendu de la prise en charge par le psychomotricien viendront m'aider à confirmer le diagnostic d'instabilité psychomotrice. Je n'exclus pas d'emblée la possibilité d'un traitement médicamenteux s'il s'avérait nécessaire à un moment donné, mais je privilégie la psychothérapie au rythme de deux séances par semaine. Ce travail régulier, qui dure depuis deux ans maintenant, a permis une amélioration notable des symptômes d'instabilité et de troubles de l'attention. Et, surtout, Lino semble sorti de la profonde dépression dans laquelle il se débattait.

Peu à peu, au fil des entretiens, son histoire est venue éclairer son comportement. D'une nature dépressive, le père de Lino a longtemps été moniteur d'auto-école, sans enthousiasme. Il a décidé il y a quelques années de changer de profession. Son patron, déçu par l'abandon et la trahison de celui qu'il considérait comme son successeur, en avait conçu une rancune tenace et, quelque peu sadique, avait décidé de se venger : ce « fils indigne » allait voir ce qu'il allait voir ! Menant son enquête, il avait découvert que sa femme avait des aventures extra-conjugales et, laissant libre cours à sa rancœur, s'était empressé d'en faire part au mari de l'infidèle. Cette révélation allait plonger celui-ci dans une dépression sévère, émaillée de plusieurs tentatives de suicide. C'est lors de la première – qui fut aussi la plus grave – que Lino avait été « expédié » en vacances chez ses grands-parents, sans que personne lui dise rien de la situation.

Toute déboussolée par l'ampleur de ce qui lui arrivait, la mère de Lino s'en était ouverte à sa propre mère, espérant trouver auprès d'elle réconfort et compréhension ; au lieu de quoi, prenant le parti du mari trompé, la mère avait culpabilisé sa fille, promettant toutefois de ne rien révéler à Lino. Durant les vacances de celui-ci, les choses s'étaient arrangées dans le couple et, au retour, la mère avait organisé une discussion à trois pour dire à son fils ce qui était arrivé. Cette discussion avait d'ailleurs coïncidé avec les débuts de la psychothérapie qui a permis à l'enfant de mentaliser davantage ce qu'il ne pouvait exprimer que par voie motrice. Il était dans une situation de conflit interne inextricable. D'une part, à cause des identifications à son père, muré dans un silence dépressif et faisant des passages à l'acte que le fils devinait intuitivement, d'autre part, à cause des sentiments œdipiens envers sa mère. Les symptômes, qui ne sont pas sans évoquer une régression, comme si l'enfant faute de réussir à évoluer, ne pouvait que revenir en arrière, sont apparus à un moment de son développement où l'habileté motrice et les performances physiques de Lino faisaient la « une » de toute la famille, chacun lui promettant un brillant avenir de sportif… Il est d'ailleurs intéressant de voir comment, dans les processus de sublimation remis en route au cours de la psychothérapie, l'investissement de l'image du corps a compté. Avec son père, reconverti entre-temps dans l'agriculture, Lino a commencé le karting de compétition.

Ainsi donc, l'enfant n'attend pas d'être grand pour connaître la souffrance psychique. Et, lorsqu'il ne dispose pas d'une parole articulée dans le langage – ce qui est la situation de l'« infans » –, il va être obligé d'utiliser les moyens du bord, qui sont ici les moyens du corps, pour l'exprimer auprès du ou des adultes responsables de lui. Chez le bébé, cet appel peut prendre la forme d'insomnies, de troubles du tonus, de difficultés alimentaires ou d'autres difficultés psychosomatiques. Mais l'enfant plus grand, qui marche, grimpe, construit et déconstruit, peut être agressif, voire violent, va, lui, se servir de ses muscles pour agir ce qu'il ne peut pas dire à tel moment donné. Un symptôme tel que l'hyperactivité ou le trouble des conduites doit d'abord, par principe, être envisagé sous cet angle : que veut dire ce symptôme dans la vie de l'enfant à ce moment précis de son développement ?

Autrement dit : on ne doit pas prendre ce signe au pied de la lettre, mais plutôt le considérer comme un écran derrière lequel l'enfant se cache, en attendant qu'on l'ait aidé à découvrir une autre possibilité de s'exprimer, et notamment par la parole. Dans les cas extrêmes, l'écran se transforme en bouclier qui a une valeur défensive ; plus on essaiera de déposséder l'enfant de son bouclier, dont il est persuadé qu'il le protège contre l'adversité, plus il s'y agrippera, se retrouvant dans l'impossibilité de « lâcher » son symptôme.

Au cours de son développement, l'enfant a de nombreuses occasions d'agir son refus face à ce qui lui est demandé. À chaque étape, des limitations et des interdits ponctuent les expressions de sa toute-puissance. Mais à chaque étape il peut (tenter de) les refuser, et même faire semblant de dire un « oui » en agissant un « non ». De nombreux signes de souffrance psychique sont en rapport avec ces difficultés à intérioriser les limites de son désir. Tel enfant pourra, pendant la période anale, user et abuser de la violence physique avec ses pairs, montrant ainsi que l'exercice de sa force musculaire n'est pas encore vraiment sous son contrôle, et qu'il n'a pas d'autre moyen à sa disposition pour le faire savoir. Tel autre, embarrassé par la question de la valeur de sa parole, passera par une période de mensonges qui pourra inquiéter ses parents et son entourage. Tel autre enfin, à l'instar de Lino, pourra montrer par ses signes d'instabilité et ses difficultés d'attention, qu'il est envahi par des conflits parentaux qui ne lui appartiennent pas en propre, mais qui influent à son insu sur une partie de sa vie psychique. Cette histoire clinique montre par ailleurs comment les processus d'identification indispensables à la construction de l'enfant peuvent parfois le fragiliser. En effet, Lino intériorisait malgré lui des fragments de l'histoire de ses parents et, faute de savoir quoi en faire, de pouvoir les mentaliser, il traduisait cette souffrance par des symptômes. C'est pourquoi se contenter de l'apparence de ces symptômes, sans se demander d'abord pourquoi l'enfant y a recours, risque d'aboutir à une erreur de stratégie dans le suivi. Au lieu d'être confortés dans leur position d'« allant-devenant sujets » pour reprendre le mot de Françoise Dolto, ces enfants seront soumis à des injonctions éducatives inadéquates, sous prétexte que les signes actuels de leur souffrance psychique seraient prédictifs d'une délinquance ultérieure. En d'autres termes, plutôt que de les aider à relancer et à ouvrir l'avenir, on l'hypothéquerait.

5

Le développement de l'enfant

Le développement est constitué d'une succession d'étapes qui permettent à l'enfant d'acquérir de nouvelles compétences. Parmi celles-ci, la maîtrise musculaire nous intéresse ici tout particulièrement, les muscles étant les instruments de la motricité et de ses troubles éventuels, mais aussi les moyens d'exprimer une possible violence et donc les vecteurs de troubles du comportement. Dans ce que nous appelons les troubles de l'hypermouvement, l'enfant subit les effets directs que produit, ici et maintenant, l'investissement pathologique de son appareil musculaire ; dans le trouble des conduites, il subit les effets directs résultant des actes transgressifs, et également des effets indirects, puisque des connotations morales y sont toujours liées. Mais, dans les deux cas, ce qui est en jeu, ce sont bien les capacités offertes à l'enfant par ses muscles, dans un cadre régi par le groupe familial, social et leurs règles de fonctionnement.

Il s'agit là d'un point important, qui permet de mieux comprendre pourquoi un enfant peut être conduit à conserver un fonctionnement essentiellement marqué par l'assouvissement égoïste de sa toute-puissance infantile, rendu possible grâce notamment à l'exercice de son « pouvoir musculaire », sans intérioriser les égards nécessaires pour son prochain (Levinas), pour l'autre, pour les autres, et également sans accepter d'une façon effective et profonde la notion de « fraternité » au sens républicain du terme. Cette invention de la Révolution française est intéressante en ce qu'elle propose un projet de fonctionnement du groupe social qui prenne en compte les différences entre chacun de ses membres, la liberté de leur expression, mais dans un souci de cohésion de ce groupe apparenté à un avatar généralisé à partir de la famille : la fraternité. D'un certain point de vue, tout ce qui est gagné en fraternité est pris sur ce que l'individu doit céder de sa propre satisfaction personnelle pour continuer à exister, relativement autonome, mais avec les autres. Nous verrons que c'est précisément ce qui est mis en œuvre dans l'éducation, au sens le plus large : gagner sur la toute-puissance infantile par des limitations successives des désirs de l'enfant, tout en l'amenant à accepter qu'il ne peut en être autrement, sauf à mettre en péril le fonctionnement du groupe social et son coefficient de fraternité et, finalement, son propre fonctionnement psychique.

Dans cette perspective, on comprend pourquoi le trouble des conduites est tellement redouté. Si l'enfant continue dans cette voie, il risque de devenir un délinquant dans toute sa splendeur : celui qui agit selon son seul désir, chevauchant sa toute-puissance infantile sans autre forme de procès et sans aucun souci des conséquences que cela peut avoir pour les autres comme pour lui…

Tricoter la layette psychique

Dans la sexualité, le versant plaisir étant désormais séparable du versant reproductif, les parents décident généralement de « faire » un enfant. Dès lors chacun des deux effectue un travail de création psychique : il se fait dans le même mouvement que le développement de l'embryon et du fœtus et accompagne cette (pro)création physique. On peut néanmoins se poser la question de savoir quel travail précède l'autre. Parfois, le désir de faire un enfant émerge de l'ensemble des désirs qui nous animent dès que nous sommes dans la situation de pouvoir les réaliser – en partie tout du moins – et le psychique précède alors le physique. Parfois au contraire, on apprend que l'enfant est déjà « en route » alors qu'on ne l'attendait pas (ou pas encore ou plus du tout) et le travail psychique s'est laissé distancer par cette conception passée inaperçue. Mais on peut aussi considérer que tout cela n'est qu'une construction tout intellectuelle, et nous savons que les dimensions physiques et psychiques de (pro)création d'un bébé sont tellement intriquées, consciemment et inconsciemment, que la question devient secondaire. Cela semble assez « simple » quand il n'y a pas de difficultés particulières. En revanche, les choses se compliquent quand, malheureusement, le bébé « tombe » à un bien mauvais moment, ce qui va avoir des conséquences sur le travail psychique. C'est le cas, par exemple, quand la mère se retrouve seule, soit parce que la grossesse est un « accident », résultat d'une aventure passagère, soit parce que l'annonce de la grossesse a entraîné le départ du père. Le cas le plus extrême est sans nul doute celui où la femme se retrouve enceinte après un viol ; si elle décide de garder l'enfant malgré tout, le travail psychique accompagnant la grossesse sera particulièrement difficile, et pour le moins ambivalent, au point que, dans certaines législations, l'interruption volontaire de grossesse n'est autorisée que dans ce cas précis. Mais il est d'autres circonstances dont le travail psychique va pâtir. Par exemple pour ces couples où le bébé est tellement attendu que la difficulté de procréation, quelles qu'en soient les raisons, devient rapidement problématique et douloureuse. Si les parents décident d'avoir recours à des méthodes de procréation médicalement assistée (PMA), le travail psychique préliminaire à la grossesse peut prendre un tour angoissant. Et, lorsque toutes les possibilités de PMA ont échoué et que le couple envisage l'adoption, ce sont encore d'autres difficultés qui surviennent puisque le travail psychique n'accompagne pas un processus physique.

Il n'en reste pas moins vrai que, dans la majorité des cas, travail psychique et travail physique coïncident et se complètent. La grossesse est alors ce temps pendant lequel les deux futurs parents « fabriquent » un espace psychique d'accueil pour leur bébé à venir. La future mère connaît d'ailleurs durant ces neuf mois des types de préoccupations assez différents et qui vont évoluer. Missonnier, Golse et Soulé[1] en distinguent trois principaux,

1. Missonnier S., Golse B., Soulé M., *La Grossesse, L'enfant virtuel et la parentalité*, PUF, 2004.

correspondant aux trois trimestres. Le premier est centré sur la révélation de la grossesse qui fait naître de nouvelles sensations, et la nécessité de trouver un nouvel équilibre psychique et émotionnel, avec tout ce que cette grossesse va changer dans sa vie et dans celle de son couple. Au deuxième trimestre, les préoccupations centrées sur le fœtus dominent : la première échographie à douze semaines, les perceptions fœtales distinctes et la réactualisation de ce que les psychanalystes appellent la « mère interne ». Il s'agit de l'intériorisation de l'image de sa propre mère, avec ses deux composantes archaïques et œdipiennes. La mère archaïque est celle de la toute petite enfance pendant laquelle le lien direct de la dyade mère-bébé est prévalent, tandis que la mère œdipienne est celle qui, plus tard, partage avec le père les fonctions parentales dans le cadre de la triade père-mère-enfant. Et enfin le troisième trimestre avec ses préoccupations centrées sur le bébé, le changement de perspective lié au proche « déménagement écologique », selon le mot de Boris Cyrulnik, et les grandes incertitudes liées à l'accouchement, à la « conformité » du bébé et à ses propres compétences maternelles. Les auteurs parlent plus précisément à cette occasion de relation d'objet virtuel de la future mère avec son futur bébé et décrivent trois types de relations : la facilitante, la régulatrice et l'ambivalente. La relation d'objet virtuel facilitante est celle d'une maman qui va s'adapter suffisamment aux besoins de son bébé et se laisser guider par son rythme. Dans la relation régulatrice, la maman développera une relation de maîtrise avec l'objet virtuel, alors que l'ambivalente aura quelques difficultés à articuler les contradictions qui habitent inévitablement la fin de la grossesse (« Je suis contente d'avoir ce bébé, mais finalement ne va-t-il pas m'empêcher de réaliser certains rêves ? »). Est-il utile de rappeler ici que l'ambivalence est par ailleurs l'un des points constitutifs de l'esprit humain ?

« Le bébé bougeait-il déjà beaucoup dans votre ventre ? » À cette question posée en consultation, il est fréquent que la mère d'un enfant hyperactif ou instable réponde positivement.

Monique Bydlowski parle de « transparence psychique[1] » pour montrer que, pendant cette période très particulière de la grossesse, l'inconscient de la femme est en quelque sorte à ciel ouvert : cela a pour effet de favoriser l'émergence des différentes forces psychiques de son histoire, qui étaient jusque-là refoulées, permettant ainsi leur actualisation dans sa vie psychique présente. Comment se représente alors pour la future mère et pour le futur père ce « phénomène » qui est en train de se construire dans le creux maternel ? Piera Aulagnier, une psychanalyste très intéressée par les problématiques archaïques, insiste sur le fait que les représentations se fondent à partir de l'image du corps du fœtus, qui peut s'appuyer sur les échographies. Elle invente à ce propos

1. Bydlowski M., « La transparence psychique de la femme enceinte, psychiatrie périnatale », in *Parents et bébés : du projet d'enfant aux premiers mois de vie*, Mazet P., Lebovici S. (dir.), PUF, 1998, p. 101-109.

la notion de « fantasme du corps imaginé » pour parler de cette layette psychique que les futurs parents « tricotent ». À l'instar de la layette que les grands-mères d'autrefois tricotaient pour les bébés à venir, la layette psychique crée une forme pour ce sujet en construction, tissée de dimensions différenciées et complémentaires : une part de rêve, d'imagination sur l'avenir de l'enfant, une part de réalité, anticipant sur les aménagements nécessaires à cette situation nouvelle, et une part d'angoisse en fonction de l'histoire de chacun des parents. Ce tissage varie pour chaque enfant, à l'intérieur d'une même famille…

Si, durant la grossesse, on parle d'enfant, chacun sait que l'on pourrait mettre le mot au pluriel, puisque dans le travail psychique des parents, trois enfants se conjuguent : le réel, l'imaginaire et le fantasmatique.

L'enfant réel est bien celui qui est en train de se construire à l'abri de l'utérus maternel. L'enfant imaginaire est celui dont la mère ressent en elle les sensations fœtales, et qu'elle va imaginer plus précisément au fur et à mesure de sa grossesse. L'imagination permet tout un travail psychique d'anticipation, où les éléments positifs (mon enfant aura un avenir brillant et réussira dans toutes ses entreprises) se mêlent à des éléments négatifs (mon bébé pourrait avoir des difficultés ou un handicap qui viendraient empêcher ce bel avenir). La rencontre avec l'enfant réel devient problématique lorsque l'écart entre le bébé tel qu'il est et le bébé imaginé est trop important. Je me souviens ainsi d'avoir reçu en consultation un garçon hyperactif de six ans, dont l'état s'aggravait année après année. L'anamnèse avait mis rapidement en évidence un bébé mort à la naissance lors d'une grossesse précédente. Cet enfant de remplacement était en permanence l'objet de sollicitations anxieuses de la part de sa mère qui projetait sur lui l'importance vitale du mouvement par opposition avec l'immobilité létale de son enfant précédent. Quelques consultations avaient suffi à rendre à chaque enfant ce qui lui appartenait en propre et l'enfant réel avait pu retrouver sa place par rapport à l'enfant imaginé. Serge Lebovici précise à ce propos que « l'enfant imaginaire se décrit donc dans le champ d'une conscience obscure dont le contenu est appelé en psychanalyse le préconscient, fait de souvenirs mis en latence et réactivés par les rêveries diurnes ou fantaisies[1] », ce que, nous l'avons vu, la transparence psychique favorise. L'enfant fantasmatique est encore différent. Il est « le produit des désirs anciens de maternité[2] » et « ce qui est transmis avec cet enfant fantasmatique, ce ne sont donc pas tant les événements connus ou obscurément répétés comme des allégories, ce sont les conflits inconscients qui s'aggravent dès que surviennent des difficultés familiales[3] ».

Nous comprenons mieux ainsi comment la force idéalisante des parents peut dans certains cas s'exercer d'une

1. Lebovici S., « Liens intergénérationnels, interactions fantasmatiques », in *Psychopathologie du bébé*, de Lebovici S., Weil-Halpern F. (dir.), PUF, 1989, p. 143.

2. *Ibid.*

3. *Ibid.*

façon prégnante sur l'enfant et le conduire à répondre à des désirs qui ne sont pas les siens, ce qui le met en position délicate dans son développement. Le film *Shine*, inspiré par l'histoire du pianiste australien David Helfgoot, illustre assez bien ce cas de figure. Il montre la contrainte exercée par le père pour que son fils, exceptionnellement doué il est vrai, devienne un virtuose. Ce que le fils deviendra, mais au prix de sa santé mentale.

Nous voyons dès lors comment différentes fées se penchent autour du berceau et vont venir jouer un rôle non négligeable dans le travail psychique des parents. C'est toute la dimension de ce que l'on appelle l'intergénérationnel et le transgénérationnel[1]. La transmission transgénérationnelle se jouerait entre des générations sans contact direct, elle se ferait dans le sens des aïeux vers leurs enfants et emprunterait les voies de la communication verbale et de ses avatars, par exemple les non-dits. Ainsi, dans de nombreux contes, il arrive qu'une fée ne soit pas invitée et mécontente d'avoir été oubliée, elle se venge en énonçant une malédiction qui se réalisera. Curieusement, peu de gens se posent la question de savoir pourquoi le roi avait justement oublié cette fée-là !

Voici par exemple Marina, une petite fille que ses parents me demandent de voir pour des troubles graves du sommeil. Je vais rapidement apprendre que sa mère, à la suite d'une dépression grave en fin de grossesse, est soumise à des phobies d'impulsion très envahissantes :

1. C'est à Nicolas Abraham et à Maria Torok que l'on doit la distinction de ces deux concepts.

elle sent qu'elle pourrait jeter sa petite fille par la fenêtre. Nous convenons d'une possibilité d'hospitalisation si ce symptôme s'accentue mais, avant d'en arriver à cette solution, le père et la famille proposent d'entourer suffisamment la mère pour assurer la sécurité du bébé. Il faudra plusieurs consultations pour retrouver l'histoire d'un grand-oncle maternel qui s'était suicidé en se jetant par la fenêtre ; la mère n'avait appris les circonstances de sa mort qu'en fin de grossesse, lors d'une discussion orageuse avec sa propre mère qui, s'inquiétant de la dépression de sa fille, proposait de s'occuper du bébé d'une façon un peu trop insistante. Ainsi, un non-dit à propos d'un événement concernant la génération des grands-parents se transmet aux générations suivantes ; non pas suivant une explication causaliste – l'insomnie de Marina est due à la phobie d'impulsion de sa mère qui est due à la défenestration du grand-oncle –, mais, pour chacun des protagonistes, il vient jouer un rôle désorganisateur des défenses contre toute souffrance psychique.

La transmission intergénérationnelle se jouerait au contraire entre des générations en contact direct, par exemple entre les grands-parents et les parents ou au sein de la fratrie, et passerait principalement par les voies de la communication non verbale ou préverbale. Voici une autre histoire d'insomnie de bébé, celle d'Anna. Sa mère voyait une telle ressemblance entre le regard de sa fille et celui de son propre frère, agresseur sexuel au temps de leur adolescence, que cela l'avait conduite à rejeter massivement son enfant. Un long travail psychothérapique a été nécessaire pour permettre à nouveau des interactions mère-fille un tant soit peu dégagées de cette emprise intergénérationnelle.

La naissance, castration ombilicale

À la naissance se produit une mutation importante : le bébé passe de la vie amniotique, pour ne pas dire aquatique, à la vie aérienne. Outre le fait qu'il connaît à cet instant précis, à cause de l'arrêt de la poussée d'Archimède, l'impact de l'entrée dans l'atmosphère terrestre avec une pesanteur nouvelle (source possible de cette agonie primitive décrite par Winnicott comme « ne pas cesser de tomber »), il quitte une modalité d'existence qu'il ne connaîtra plus jamais : être en dérivation sur le circuit sanguin maternel par l'intermédiaire du placenta.

Lorsque le professionnel et maintenant, quelquefois, le père coupent le cordon ombilical, ils ne se contentent pas d'effectuer un geste technique vieux comme le monde. Ils accomplissent aussi une opération psychique. Pour cette étape, comme pour les suivantes, Françoise Dolto parle de « castration symboligène ». Castration, parce que la fonction parentale est l'un des premiers aspects limitants de la toute-puissance infantile. Symboligène parce qu'elle fabrique un symbole dans l'esprit de l'enfant et de ses parents, qui le « portent » pour lui à la naissance et tout le temps qui sera nécessaire. Mais ce symbole restera comme référence d'une limite à ne pas franchir. Il serait pourtant faux de croire qu'il suffit d'un geste, ou d'un mot, à un moment stratégique donné pour vaincre une fois pour toutes cette toute-puissance infantile. Au contraire, Françoise Dolto insiste sur le fait que c'est par une démarche progressive que cette opération éminente se construit : tout au long de son développement, l'enfant devra franchir différentes étapes.

La naissance est ainsi l'occasion de la castration ombilicale. Cela nous permet de penser la séparation du bébé et du placenta, non pas seulement comme une opération nécessaire pour libérer le petit d'homme d'un organe qui n'a plus aucune utilité pour lui, mais aussi comme le début d'une série de séparations de plus en plus complexes qui conduiront l'enfant à une possibilité de « séparation symbolique » et à une autonomie relative le moment venu. Tout se passe comme si couper le cordon ombilical venait signifier au bébé : « Jusqu'à présent, tu as été nourri d'une façon qui est totalement indépendante de ton action, et tu as vécu dans un système de dépendance totale ; par notre circulation sanguine commune, tu as reçu tous les nutriments dont tu avais besoin et rejeté ce dont tu n'avais plus besoin dans tes échanges vitaux. Mais, à partir de maintenant, cela doit changer : tu seras nourri à mon sein et, bien que tu ne t'en rendes pas tellement compte encore, tu devras être actif pour te nourrir. » Pour Françoise Dolto, l'interdit fondamental qui en résulte est l'interdit du vampirisme : « Tu ne "suceras" plus le sang maternel pour ta survie et ton développement. » On comprend mieux ce terme, lorsque l'on entend une mère, épuisée par la charge énorme qu'un de ses enfants fait peser sur elle, se plaindre de se sentir

« vampirisée ». Et on en a une autre illustration quand on voit des adolescents se délecter de films de vampires qui les font rire. On peut imaginer que, sans en avoir conscience, ils reprennent alors contact avec des fantasmagories pré- et périnatales qui ont été refoulées et ne font plus parler d'elles en dehors de ces occasions particulières. L'interdit du vampirisme a heureusement été intériorisé.

La voie lactée et le sevrage

Dès la naissance, le bébé entre dans une phase au cours de laquelle le nourrissage par voie orale va constituer une part importante de son activité quotidienne. Il n'est pourtant pas question de dire qu'il s'agit de la seule chose importante, tous les spécialistes du bébé ayant suffisamment insisté sur le fait que la tétée était l'axe autour duquel les autres sensations venaient progressivement « s'agglutiner ». Cette cosensorialité facilite l'incorporation de la « voie lactée » (le sein) comme paradigme du bien-être : l'odeur du sein de maman et le goût de son lait, sa voix qui chantonne à ces moments-là, ses yeux qui cherchent mon regard, le bon tonus porteur de ses bras, vont réaliser ce que Meltzer, psychanalyste anglais, nomme « l'attraction consensuelle maximale ». Il s'agit des moments où les différentes expériences sensorielles faites par le bébé ne sont plus disjointes ou en morceaux, mais comme rassemblées par la maman. Tout cela préfigure, chez le tout-petit, une bonne représentation de son image corporelle. Elle est basée sur ce que l'on appelle un bon objet d'arrière-plan primaire : ce premier appui que le bébé ne peut trouver tout seul et qui nécessite une présence attentive le soutenant, physiquement et psychiquement. Peu à peu, il sentira en lui cette solidité, notamment par l'intermédiaire de sa colonne vertébrale. Cela concourt à lui donner un sentiment de sécurité et rend possible l'interpénétration des regards. Dans les premières expériences de sa vie, le bébé est pris dans les bras et, s'il est bien tenu et soutenu – notamment son dos et sa tête –, son regard peut chercher celui de la personne qui le porte. C'est autour de ces temps de nourrissage que l'essentiel de la vie psychique va s'organiser pendant ces premiers mois de vie. Tout ce qui repose sur l'objet d'arrière-plan va permettre l'intériorisation de ce que je désigne sous le nom de fonction phorique[1], autrement appelée contenante. Elle est assurée par l'adulte qui porte le bébé dans ses bras tout le temps qu'il ne peut se porter lui-même, puis le jeune enfant dans sa tête tout le temps nécessaire à son autonomie. Pour sa part, Winnicott insiste sur l'importance de la qualité du *holding*, ou « portage », qui est à la base du sentiment de sécurité de l'enfant envers ses parents, puis envers lui-même. Le *handling*, ou manipulation douce du corps du bébé par la mère, s'appuie sur la première fonction phorique pour donner à l'enfant une idée de l'étendue de ses capa-

1. Le terme de « phorie » a été repris par Henri-François Robelet à Michel Tournier, auteur du *Roi des aulnes*. « Phorie et folie », *L'inter-dit*, n° 8, juillet 1982.

cités corporelles, et notamment musculaires. Cette relation entre mère et bébé par la manipulation plus ou moins tendre du corps de celui-ci est d'ailleurs un des points à partir duquel peuvent se développer des troubles fonctionnels ultérieurs de la motricité.

Si la fonction phorique est essentiellement dissymétrique, puisque c'est l'adulte qui porte l'enfant, l'interpénétration des regards qui instaure la communication est, elle, rapidement symétrique. C'est à partir de là que se met en place ce qui va aboutir progressivement à la spécificité humaine : le langage articulé dans une parole. Or le bébé use de son orifice oral pour une double fonction : il alterne les phases de nourrissage avec celle des vagissements et autres gazouillis. Ce faisant, il « apprend » à différencier la musculature d'une oralité active en matière de nutrition de celle d'une autre oralité préparatoire à l'expression verbale. Par la bouche, certaines choses entrent sous forme de nourriture, grâce à une musculature spécifique, mais c'est grâce à une autre musculature que d'autres choses sortent de lui, sous forme de sons. À la suite de Freud, l'on désigne cette période sous le terme de phase orale : toutes les expériences que le bébé investit se déroulent dans et autour de cet organe central qu'est la bouche.

Cette phase orale est constituée par ces mois au cours desquels il passe une bonne part de son temps d'éveil agrippé à sa maman. Il se nourrit d'abord essentiellement de son lait, puis peu à peu d'autres éléments du monde qui l'entoure : la douceur de son doudou, la musique que papa met quand il rentre de son travail, les cris de joie et les pleurs de colère de son grand frère, l'odeur de la cuisine ; l'ensemble de ces éléments va fournir des supports concrets à la fabrication de ses représentations du monde, ce qui lui permettra plus tard de supporter l'absence des choses, dont la principale, sa mère. Dans un milieu familial où les événements de la vie quotidienne sont assez stables, le bébé peut se repérer dans leur déroulement relativement prévisible et en déduire un rythme régulier. S'appuyant sur les choses qu'il connaît et qui se répètent, il peut en supporter de nouvelles sans trop de difficultés. Voilà ce qu'on appelle un milieu sécure. En revanche, si dans la vie familiale tout est irrégulier, changeant, imprévu, le bébé ne pourra pas dégager de ses expériences ordinaires un rythme stable. Il devra être hypervigilant afin de capter les informations nécessaires pour prévoir le minimum vital dans ce milieu insécure. On peut d'ailleurs penser qu'un bébé élevé dans un tel climat va renforcer les procédures d'agrippement à son parent, et sans doute investir davantage la présence de l'objet maternel, auquel il s'agrippe, que ses capacités à le représenter. Nous voyons ainsi comment sa psychomotricité est déjà engagée dans un processus défensif vis-à-vis de la séparation et de la symbolisation.

Vers la deuxième partie de la première année – tout dépend des enfants, des habitudes parentales et culturelles, de différentes contraintes –, l'enfant apprend que ce régime de type oral ne durera pas toute sa vie. Son autonomie relative grandissant du fait de son développement, la vie de ses parents reprenant progressivement son cours, il va devoir se résigner : le moment est proche où il lui faudra accepter l'arrêt de cette manière d'être nourri. Françoise Dolto parle à ce stade de « castration orale » ; elle coïncide avec le sevrage et pose un interdit supplémentaire : l'interdit du cannibalisme. « Tu ne dois plus manger (ce qui vient de) ta mère, désormais tu devras participer à ta propre alimentation. »

Les pédiatres préparent à ce passage en douceur en demandant aux parents de commencer à donner quelques aliments non lactés, un peu de jus de fruits, puis plus tard quelques morceaux de pain, de gâteaux et de fruits à leur enfant, afin qu'il se saisisse activement de son nourrissage tout en diversifiant son alimentation. Ainsi, le sevrage se fait d'une façon progressive et, malgré la reprise du travail toujours trop précoce dans notre pays, les mères qui allaitent parviennent à continuer tout le temps nécessaire pour le bon développement de leur enfant. Arrive pourtant un jour où le bébé (ou le jeune enfant) doit se soumettre à ce sevrage lacté, car il s'agit bien d'une étape incontournable. Mais ce n'est pas au médecin de décider du moment où il doit avoir lieu et il faut être très respectueux des souhaits de la mère et de la manière dont, avec l'accord du père du bébé, elle l'envisage. Le rôle du médecin est de l'aider à poursuivre l'allaitement aussi longtemps qu'elle l'estime nécessaire, en fonction de son désir, de sa culture, de ce qu'elle observe de son enfant, et de la soutenir lorsqu'elle jugera le moment venu. J'insiste seulement sur le fait que ce n'est pas à l'enfant de décider ; c'est bien de la responsabilité des parents de fixer ce moment et de s'y tenir si possible. L'effet symboligène vient de cette position parentale ferme : elle permet à l'enfant d'intérioriser, à partir de son expérience de la réalité, une limite à son désir inhérent de continuer à fonctionner comme il l'a fait jusque-là. Tant qu'on est enfant, le changement dans la continuité dépend toujours d'un opérateur extérieur !

Dans le roman de Daniel Defoe, *Robinson Crusoé*, une scène marque particulièrement la mémoire. On y voit le héros, interrompant ceux qui ont entamé le sacrifice cannibalique de celui qu'il nommera bientôt Vendredi. L'émotion qui nous saisit à chaque (re)lecture est sans doute en rapport avec un souvenir enfoui, commun à chacun d'entre nous, et dont l'inquiétante familiarité ne fait que redire de quel monde nous sommes originaires.

Du muscle à la parole : la grande bifurcation

À la suite de cette première phase orale, l'enfant entre dans une deuxième phase, centrée cette fois sur la muscularité. Freud et Abraham l'ont désignée sous le terme de « stade anal », appellation qui me paraît trop restrictive. En effet, si c'est bien au cours de la fin de sa deuxième année que l'enfant va acquérir la propreté, grâce à la maîtrise de ses sphincters anal et urétral, cela semble secondaire eu égard à d'autres acquisitions qui mettent elles aussi en jeu la maîtrise musculaire. Ainsi, il peut attraper un objet avec sa main, se tenir debout, marcher et aller où bon lui semble. Rappelons ici que le muscle n'existe et n'entre en action que par ses liens physiologiques avec le tissu nerveux et, plus précisément, avec le cerveau. C'est pourquoi dans le développement qui va suivre, il doit être considéré comme la métaphore de l'ensemble psycho-neuro-musculaire. Quand un enfant exerce ces capacités motrices, on oublie souvent que la motricité est au service d'une intention – je veux ça maintenant – puis d'une intentionnalité – si je veux telle ou telle chose, je sais que je peux satisfaire mon intention – qu'il intègre assez vite pour l'utiliser à bon escient de son point de vue. Prendre un objet, c'est d'abord jouir de la capacité de la préhension ; cela devient ensuite la possibilité de saisir cet objet qui m'intéresse, que j'envie à ma sœur ou que je veux avoir pour moi maintenant. Marcher, c'est d'abord être capable de maîtriser cette opération complexe d'un déséquilibre calculé sur le plan moteur et qui donne une telle jubilation à mes parents ; puis cela devient rapidement l'opportunité de faire savoir que je suis d'accord ou non avec ce que l'on me propose, avant même que j'en aie la possibilité par la parole. Une fois qu'il a acquis cette propriété de marcher, l'enfant dispose d'un outil qui lui permet de faire ce qu'il veut grâce à une motricité désormais au service de ses désirs. Dès la seconde partie de la première année, il pouvait prendre un objet ; dès la deuxième année, il peut désormais prendre possession du monde. C'est à cet âge que l'enfant, au bord de la mer, pense pouvoir, avec son seau, vider l'océan dans le trou qu'il a creusé dans le sable avec sa pelle. La toute-puissance peut trouver là, chez certains, une occasion rêvée de donner un nouvel aperçu de l'étendue de leurs pouvoirs. Mais c'est une expérience très importante pour l'enfant de montrer qu'il peut faire beaucoup de choses à partir du moment où il maîtrise ses muscles d'une façon suffisamment fonctionnelle.

Castration musculaire et moi-musculaire

Pourtant, il doit être limité dans ses prétentions motrices lorsqu'elles se retrouvent au service d'une action qui n'est plus socialement acceptable : à la crèche, arracher à l'autre le jouet avec lequel il est en train de jouer, pousser son copain dans la salle de jeux de la halte-garderie, mordre sa petite copine ou sa sœur chez la nourrice… Le petit manifeste ainsi qu'il a compris qu'il a à son usage personnel une arme pouvant l'aider à outrepasser ce qu'on lui demande de faire gentiment par ailleurs. Nous savons en effet qu'un enfant est capable de reconnaître formellement les personnes qui lui sont familières à partir du huitième mois environ : à cette période, il peut montrer, devant celles qu'il ne connaît pas, une angoisse particulière appelée angoisse du huitième mois ou angoisse du non-familier. La notion de l'autre est donc bien présente très tôt au cours du développement. Et il dispose, contre cet autre, d'une « capacité armée ». Pour qu'il n'y recoure pas, encore faut-il qu'une instance parentale lui apprenne et lui rappelle que ce n'est pas permis. S'il veut vivre en bonne harmonie dans son groupe, il doit accepter cette idée simple : ses muscles lui servent essentiellement à jouer et à agir, à condition que l'action soit socialement admise, mais ils ne peuvent en aucun cas servir à assouvir une envie ou une pulsion qui aurait des effets pénibles, douloureux ou dangereux pour son « prochain ». Il apprendra, en revanche, qu'il peut, dans certains cas, utiliser cette force musculaire pour se défendre légitimement. C'est la succession d'expériences d'agressions progressivement limitées par les personnes de l'environnement proche qui donnera à l'enfant la possibilité d'intérioriser la notion d'agressivité normale. Il est bien connu que les bagarres entre petits sont avant tout un moyen pour apprendre à jouer avec leur agression/agressivité, mais il faut pour cela les circonscrire dans des limites raisonnables. Il me semble utile de rappeler que Freud a mis en évidence une seconde pulsion, toujours corrélée à la pulsion de vie, la pulsion de mort. L'agressivité serait en quelque sorte le résultat d'une rencontre entre les deux courants pulsionnels qui existent chez chacun d'entre nous. De ce point de vue, la grande question de la civilisation humaine n'est pas tant de penser voir disparaître un jour l'agressivité, mais plutôt d'en dompter les excès.

À propos de cette période du développement, Françoise Dolto parle de « castration anale ». Pour ma part, je propose le terme de « castration musculaire » car c'est bien l'ensemble de la problématique musculaire qui est concernée, la maîtrise des sphincters à des fins sociales n'étant qu'un des avantages acquis parmi d'autres. Pour Françoise Dolto, l'interdit lié à cette castration est l'interdit du meurtre. Il s'agit là d'une première limitation de la violence de l'enfant : « Tu ne tueras point », comme loi de base de l'humanité. Le nombre de (tentatives de) meurtres quotidiens témoigne de l'insuffisance de l'intériorisation de cet interdit chez certains. La question se pose alors : comment peut-elle se faire à partir de la limitation progressive des expériences musculaires ?

Dans son dernier ouvrage, Joyce Mac Dougall nous aide à répondre. Elle reprend le concept de Moi-peau de Didier Anzieu qui vient d'une proposition faite par Freud de représenter les premières images du moi en appui sur les images du corps, notamment son contour extérieur constitué de la peau. Didier Anzieu insiste sur l'importance du Moi-peau dans les expériences des débuts de l'existence et lui attribue certaines fonctions essentielles au développement psychique : contenance, maintenance… Cette avancée conceptuelle a permis d'éclairer nombre de situations concernant les pathologies psychiatriques graves telles que les psychoses, les anorexies, l'autisme. Au concept de Moi-peau, Joyce Mac Dougall ajoute ceux de Moi-odorat, de Moi-respiratoire, de Moi-viscéral et surtout de Moi-musculaire. Ces formes du moi archaïque sont constituées de petites expériences fragmentaires vécues par le bébé et dans lesquelles prédomine à un moment donné un de ses canaux sensoriels. Par exemple, un bébé a été marqué par l'expérience d'une gêne respiratoire (dyspnée) extrêmement angoissante pour lui, mais surtout pour son entourage. Le Moi-respiratoire gardera la mémoire de cet épisode traumatique, ce qui peut expliquer que, par la suite, les psychosomatisations de l'enfant se développeront essentiellement de façon asthmatiforme. Pour un autre enfant ayant vécu avec une maman très déprimée n'assurant pas suffisamment la fonction phorique, c'est le Moi-musculaire qui sera prédominant. « Il en résulte que les patients chez qui ce type d'économie psychique prédomine risquent de ne pas pouvoir se représenter mentalement l'impact des événements et des relations externes, tout comme les demandes provenant de leur monde interne[1]. » Une coupure entre ce qu'ils ressentent et ce qu'ils communiquent devient inévitable et se traduit par divers actes. Or « de telles coupures, comme nous le savons, donnent souvent lieu à une économie psychique dominée par les conduites addictives ou par une forte tendance à somatiser. Ces actes divers prennent en quelque sorte la place des mots et constituent ainsi une forme de communication primitive[2] ».

Cela me permet de proposer l'hypothèse suivante : lorsqu'elle habite l'enfant, la violence ne vient-elle pas exprimer, dans et par son corps, à l'aide d'une fonction dévolue au Moi-musculaire, un souvenir irreprésentable sauf par le biais d'une somatisation ? Mais cette « somatisation » a une particularité : elle implique le corps de l'autre, destinataire de sa violence. Or je rappelle à ce propos que Freud présente le système musculaire comme partiellement effecteur de la pulsion de mort : « Cet organe serait la musculature et la pulsion de mort se manifesterait dès lors – pourtant selon toute vraisemblance de façon seulement partielle – contre le monde

1. Mac Dougall J., *Éros aux mille et un visages,* Gallimard, 1996, p. 199-200.
2. *Ibid.*

extérieur et d'autres êtres vivants, en tant que pulsion de destruction[1]. »

Si l'on reprend l'exemple du jeu de la bobine déjà évoqué, on voit que, dans l'expérience relatée par Freud, la ficelle est symbolique, parce qu'elle lie la mère absente avec un objet qui la représente. Mais il arrive que la symbolisation soit impossible : la violence musculaire sur l'autre tient alors lieu de ficelle réelle et de somatisation.

Certaines difficultés dans l'exercice de la fonction paternelle entraînent chez les parents une impossibilité à dire « non », et chez l'enfant une impossibilité à accepter ce « non », ce qui rend d'autant plus compliquée la fabrication de la ficelle (symbolique), et donc la séparation. Nous voyons ainsi comment l'absence de castration musculaire peut aboutir à l'expression d'une violence sans autre représentation que la somatisation – ce que nous appelons souvent violence gratuite tant que nous n'en comprenons pas les tenants et les aboutissants. Mais, comme le montre l'histoire clinique de Sylvester, il s'agit plutôt d'une violence recherchant désespérément une aide et un sens jusqu'alors impossibles à trouver.

Il convient ici de souligner que si, dans tout ce qui précède, la castration musculaire apparaît comme une limitation de la toute-puissance infantile, ce n'est pas toujours le cas. Ainsi, dans l'histoire de certains enfants présentant une extrême violence pathologique précoce, on retrouve un traumatisme psychique chronique indi-

1. Freud S., *Le Moi et le Ça, Œuvres complètes*, PUF, 1991, p. 284.

cateur de violences subies pendant leurs premiers mois de vie. Le mécanisme psychique primitif étant celui de l'incorporation, l'enfant n'a alors pas eu d'autre choix que de mettre en lui l'image terrifiante d'un parent sadique et violent. Sur le plan clinique, « ces enfants ne délirent pas, mais leurs accès de violence sont des équivalents hallucinatoires[1] ». De tels signes sont révélateurs d'un syndrome posttraumatique grave, et doivent à ce titre faire l'objet de prises en charge spécialisées.

Bifurcation vers la parole

L'acquisition de la motricité, dont l'enfant découvre progressivement la portée, les possibilités mais aussi les limites, est à rapprocher d'une autre acquisition qui a lieu à peu près à la même période : la parole, qui va en permettre la transformation vers le monde de la communication interhumaine et de la sublimation.

Il est désormais admis que la colonne d'air qui sort des poumons, prend le chemin des bronches puis de la trachée, pour être modulée de façon plus ou moins précise au passage des cordes vocales est l'occasion d'un certain nombre d'expériences pour le bébé. D'abord, il vagit, gazouille, babille. Puis il produit des lallations. Vers un an, il prononce ses premiers énoncés dissyllabiques : papa, maman. Dix-huit mois à deux ans est l'âge des premiers syntagmes : « maman partie », « papa manger ».

1. Berger M., Bonneville E., *Malaise dans la protection de l'enfance*, Yapaka, ministère de la Santé, de l'Enfance et de l'Aide à la jeunesse de la Communauté française, Bruxelles, 2007, p. 10.

Enfin, la troisième année est celle de l'explosion exponentielle du langage, tant au plan des mots que des tournures de phrases : elle va de pair avec la curiosité qui, trouvant enfin les mots pour nommer les choses, se révèle. La deuxième année représente donc une période stratégique que je propose d'appeler la « grande bifurcation ». Grâce à sa musculature, l'enfant est dans un mouvement extraordinaire : il part à la découverte du monde, mû par son désir d'en prendre possession, allant vers tout ce qui l'intéresse, s'éloignant de tout ce qui le rebute ou l'inquiète. Dans le même temps, il parvient peu à peu à mieux maîtriser les expressions vocales désignant ce monde qu'il explore.

Il commence par pointer de l'index l'objet qu'il veut absolument avoir (on parle alors de pointage proto-impératif). En général, son papa et sa maman accompagnent son geste de quelques mots : « Ah, tu veux un bonbon ! » Bientôt, s'il n'y a pas de difficultés particulières dans le développement, l'enfant va choisir le mot plutôt que le geste pour désigner l'objet qu'il désire (fonction déictique). Devant une boîte de bonbons, les mains derrière le dos, il dira en rougissant : « Bonbons », et son attitude nous montre qu'il a bien compris la « leçon » : il sait qu'il ne pourra pas avoir tous les bonbons.

Pourtant, il va réutiliser le pointage quelques mois plus tard, et alors même qu'il a les mots à sa disposition. Imaginons la scène : assis à l'arrière de la voiture, il commente ce qu'il voit puis, tout à coup, pointe du doigt un gros engin de chantier stationné au bout de la rue. Mais ce n'est plus parce qu'il cherche à obtenir l'objet qu'il désire ; il veut seulement partager l'émotion, positive ou négative, qui l'a envahi à la vue de cet engin qui lui paraît extraordinaire, cherche à s'en délivrer et à comprendre pourquoi l'engin est là, au bout de son index, dans le prolongement de son regard. Ce qui compte ici, c'est bien le partage émotionnel et l'échange avec autrui, la conversation sur les engins de chantier qui suivra le comblant d'aise et de ravissement. Dans ce cas, on parle de pointage proto-déclaratif : il indique que l'enfant compte sur le lien avec un autre pour l'aider à grandir et pour partager ses débordements émotionnels – ce que les enfants à risque autistique ont tellement de mal à acquérir.

Si je parle de grande bifurcation, c'est parce que, à ce moment de son développement, l'enfant voit s'ouvrir devant lui deux voies possibles. À son insu, il est soumis à un choix qui aura une grande importance dans son style de vie ultérieur. Soit tout le système musculaire reste sous la domination directe de son désir impérieux de maîtriser ce qu'il voit et découvre, et c'est la maîtrise de l'objet qui lui procure satisfaction ; soit la limitation de cette manière de s'approprier le monde est effective et la possession de l'objet devient secondaire par rapport à la possibilité de se le représenter en cas d'absence imposée par la réalité. Dans le premier cas, l'enfant investira la parole articulée dans un langage dans un registre opératoire et la parole restera engluée dans un rapport de « complicité objectale », le mot servant d'une façon prévalente à désigner un objet et rien d'autre. Dans le second, la parole devient la possibilité ouverte sur l'objet dont on a choisi la quintessence plutôt que la matérialité : le mot ne désigne plus seulement l'objet en tant que tel, mais aussi les représentations qui y sont associées, même les limitations dans son utilisation ou son appropriation. L'enfant conserve ici la possibilité du musculaire, mais il l'enrichit de la parole, quand, dans le premier cas, le muscle prend le pas sur la parole. Cette prévalence du muscle sur la parole peut conduire vers les symptômes qui nous occupent : les troubles du comportement de type instabilité psychomotrice ou de type trouble des conduites.

On l'a déjà dit mais cela vaut d'insister : il arrive que l'investissement majeur du psychomoteur amène l'enfant à communiquer avec autrui par le biais de messages comportementaux de manière plus efficace que par la parole et le langage. On peut d'ailleurs se demander si ce n'est pas à force d'être l'objet de paroles surmoïques (« Arrête de faire ça, ne marche pas ici, ne monte pas là… ») qu'il finit non pas par ne pas investir le langage, mais par le contre-investir. La question reste donc posée de la façon dont l'enfant négocie cette grande bifurcation à l'aide de sa pulsion de vie et malgré sa pulsion de mort : « Puisque la parole est un instrument qui me limite dans l'assouvissement de mon plaisir, pourquoi donc investir un tel objet sonore, alors que je peux continuer facilement à appréhender le monde avec mes muscles ? » Dans cette alternative gît l'ensemble des avatars d'une motricité conquérante. Quand le petit-fils de Freud lance la bobine, il est en train de jouer sa grande bifurcation. Il alterne avec un grand plaisir les jeux moteurs : lancer et tirer la bobine, nous montrant ainsi qu'il peut maîtriser la séparation temporaire avec sa mère ; mais il qualifie également avec des mots différents, *fort* et *da*, l'absence et la présence de la bobine. Son travail de mise en connexion d'un objet avec deux ébauches de mots, selon que l'objet est présent ou absent, montre à quel point la bifurcation vers le langage peut se faire aisément dans le cadre d'un jeu au cours du développement. Il nous reste donc à comprendre pourquoi, chez certains, cette transformation sémantique ne se produit pas, ou pas encore.

Allaitement télévisuel et excitation motrice

Dès son plus jeune âge, le bébé est souvent laissé devant la télévision, baby-sitter pratique, censée les aider à « tenir en place ». Si la situation semble désormais banale, je ne pense pas qu'on puisse en banaliser les effets. Ces images animées et qui parlent lui procurent forcément des émotions, qui créent une excitation dont il lui faut se débarrasser à un moment puisque, à son âge, il ne peut pas les transformer en représentations psychiques. Il arrive qu'il se tourne vers ses parents, mais ne parvienne à capter ni leur regard ni leur attention, eux-mêmes étant concentrés sur les images (quand ils sont à ses côtés, ce qui n'est pas toujours le cas.)

Inutile de décréter l'interdit de regarder la télévision[1] seul avant un certain âge. Mieux vaut attirer l'attention

---

1. Graindorge C., *Quand bébé grandit*, Leduc Éditions, 2007, p. 125.

du lecteur/spectateur sur les recherches[1] fort intéressantes concernant son impact sur les enfants, mais dont les conclusions, curieusement, ne sont pas (ou peu) prises en compte en cas de difficulté de développement. La durée de téléphagie a pourtant augmenté dans des proportions considérables, et il est maintenant démontré qu'on peut faire la corrélation entre ce temps d'exposition au danger télévisuel (comme on parle de danger radioactif !) et un certain nombre de symptômes chez les enfants. J'en retiendrai deux : l'obésité et l'hyperactivité avec déficit de l'attention. Le premier commence tout juste à émouvoir les Européens adeptes de la civilisation TV/MacDonald ; le second a fait, en 2004, l'objet d'une publication dans la revue *Pediatrics*[2].

Au train où vont les choses, il va falloir réinventer le concept de permanence de l'objet (le bébé va chercher l'objet qui l'intéresse même si on le lui cache, montrant ainsi qu'il en a une représentation solide et stable) défini par Piaget, en tenant compte de l'objet virtuel[3] et se préoccuper des effets que peut avoir, sur l'allaitement du bébé, une fréquentation trop assidue de la télévision par la maman. En effet, au moment de la tétée ou du biberon, mère et enfant vont être occupés avec un objet dif-

---

1. Robert-Dufour D., *L'Enfant face aux médias, télévision, socialisation, subjectivation*, Temps d'arrêt, Yapaka, Bruxelles, 2005, p. 39-79.

2. Cristakis *et al.*, *Pediatrics*, 2004.

3. Tisseron S., Missonnier S., *Le Monde du virtuel*, Dunod, 2006.

férent. Le bébé cherche sa mère du regard, mais celle-ci regarde l'écran au lieu de le regarder lui. Commence ainsi un premier cercle vicieux puisqu'il n'y a pas cet échange des regards qui permettrait une interaction directe entre le petit et sa maman, celle-ci étant plus captée, voire captivée par la télévision que par son enfant.

Certains bébés et enfants passant plus de temps devant la télévision que dans les bras de leur mère pour téter, il n'est pas exagéré de parler d'« allaitement télévisuel ». Gérard Bonnet[1] parle pour sa part de « halètement » pour évoquer un autre problème grave, celui du visionnage de films pornographiques par les bébés et les très jeunes enfants. Le mot peut d'ailleurs être repris, pour caractériser leur rapport à la télévision qui leur procure une excitation constante.

Dès qu'on parle de la télévision, la nuance est rarement de mise. Ceux qui y voient l'une des sources principales d'une grande partie des maux actuels font sans doute preuve d'exagération et de diabolisation. Bien sûr, certaines émissions – y compris parmi les émissions enfantines – sont intéressantes et réussies, mais, reconnaissons-le, par rapport à l'ensemble de la production, elles font figure d'exception. Globalement, la qualité de ce qui est présenté est désastreuse, et cela me préoccupe encore davantage pour les enfants que pour les adultes. Aux spectateurs, quel que soit leur âge, la télévision impose une position de passivité telle qu'ils acceptent souvent sans réagir les interruptions incessantes de leur

1. Bonnet G., *Défi à la pudeur*, Albin Michel, 2003.

programme et se voient imposer des tunnels de publicités. Comme si, et l'expression prend tout son sens, c'était là le prix à payer pour continuer à avoir le droit de regarder la fin d'un film ou d'une émission. De quelle patience faut-il faire preuve si l'on veut voir la météo après le journal télévisé, la seconde partie de *La Nouvelle Star* ou la suite de son feuilleton préféré ! Mais s'agit-il vraiment de patience ? J'y vois plutôt la marque de cette passivité évoquée plus haut. Et il s'agit davantage d'un abandon devant la force persuasive de l'« adversaire » que de l'acceptation de s'intéresser à tel ou tel produit de consommation pour des raisons purement intellectuelles, esthétiques ou même commerciales. Même si le zapping, réaction de défense, permet d'échapper à la mise à l'épreuve de cette patience, il ne « décolle » pourtant pas de l'écran et ne fait que multiplier les images de ce monde du spectacle hypersaturé par l'offre au détriment de la qualité.

Cette passivité m'inquiète essentiellement pour les enfants, souvent abandonnés devant la télévision. Et la question que je me pose devant les symptômes présentés par certains d'entre eux est celle de l'influence de cette « super nanny » sur leur développement et leur comportement. Quand, au moment du coucher, papa ou maman prend quelques instants pour lui raconter une histoire, l'enfant « rentre en lui-même » et, grâce à son imagination, va faire prendre corps aux différents héros du récit. Il se met ainsi à inventer un nouveau monde, qui vient nourrir et enrichir son monde interne de nouvelles représentations. Les personnages qui s'y déploient, aussi bien les gentils que les méchants, seront les siens, ses représentations psychiques. Durant cette lecture, l'enfant fait retour sur lui, son regard se tourne vers l'intérieur de lui-même, il joue avec son objet transitionnel (son doudou), mais d'une façon déjà un peu détachée. En un mot, il s'absente pour mieux habiter son espace mental[1], il quitte progressivement le domaine des représentations motrices et psychomotrices pour celui des représentations psychiques. En revanche, lorsque l'enfant est devant l'écran, c'est la télévision qui lui raconte des histoires et tous les éléments de ces histoires, mais aussi la forme et les apparences des personnages lui sont imposés de l'extérieur. En premier lieu, cela appauvrit sa capacité de participer à la création de ces personnages. Et, surtout, cela crée chez lui une excitation dont il ne sait que faire. Mais il ne s'agit pas d'une excitation positive ; elle devient même « phobogène » et angoissante à certains moments[2], et notamment devant les programmes qui ne sont pas conçus pour lui, à tel point que, dans ce cas, la passivité apparente relève davantage de la sidération que de l'inhibition. L'excitation télévisuelle tient en partie à la nature forcée de la prosodie des voix et au rythme rapide voire accéléré du montage, mais aussi à la prévalence de la fonction visuelle. Comme tou-

1. Resnik S., « Espace mental », in *Sept leçons à l'université*, Érès, 1994.

2. Je pense notamment à ces films d'horreur que beaucoup d'enfants voient trop tôt, avec une ambivalence réduite à l'impuissance par la sidération qui s'empare d'eux.

tes les pulsions, ce que l'on appelle pulsion scopique est à la recherche d'objets pour la représenter ; c'est dans l'espace entre le besoin et la demande et les réponses qui leur sont apportées que va se déployer le processus de la pensée. Celui-ci risque d'être court-circuité par la télévision qui semble apporter des satisfactions immédiates à la pulsion.

Une autre question se pose : où va toute cette excitation emmagasinée durant l'allaitement télévisuel prolongé ? Dans la mesure où les images ne favorisent pas le passage du moteur au psychique, elle n'a plus tellement d'autres voies de décharge que motrices ou psychomotrices. Combien de troubles du sommeil ou, surtout, de troubles de type instabilité psychomotrice pourraient-ils être expliqués ainsi ?

D'autre part, il y a fort à parier que les écrans d'aujourd'hui (vidéos, Internet, webcams et autres cyber-combinaisons) offriront à l'enfant des possibilités démultipliées de s'exciter « autistiquement » plutôt qu'auto-érotiquement. Dans le premier cas, il est le réceptacle direct de l'image excitante sur laquelle il est branché (« je vibre avec la source de l'excitation »), dans le second, il a dans la tête une représentation personnelle qui résonne avec celle qui lui est offerte (« je pense à mon expérience émotive quand je vois une expérience similaire à la télévision »). Voilà qui ouvre de nouvelles perspectives dans l'extension des scénarios addictifs[1] futurs. La

1. Tisseron S., Missonnier S., Stora M., *L'Enfant au risque du virtuel*, Dunod, 2006.

dépendance aux jeux virtuels se mesure souvent à la difficulté à s'arrêter de jouer. Cela s'explique par le fait que l'« objet addictif » (Corcos) occupe une place centrale dans l'économie psychique des enfants et ils l'investissent massivement, souvent au détriment d'autres objets d'investissement. Mais nous savons également que la consommation a une fonction antidépressive, l'excitation jouant ici un rôle fondamental. Ainsi, le cercle vicieux dépression-dépendance-addiction est mis en place et il devient difficile de l'interrompre. Pour un petit nourri à la télévision, que devient alors la grande bifurcation du muscle à la parole ? La télévision, par son trop-plein d'images excitantes, court-circuiterait-elle le passage progressif de la motricité à la psychomotricité et à la parole ? Les recherches sur les très jeunes devraient pouvoir répondre à cette énigme. Une revue britannique, *Biologist*, vient de publier une étude du Dr Aric Sigman, psychologue américain, concluant à la nécessité de « réduire le temps passé devant le petit écran sous peine d'aboutir au plus grand scandale de notre temps[1] ». À partir de ses propres recherches et de trente-cinq études scientifiques, il montre que, à force de trop regarder la télévision, les enfants s'exposeraient à « des déficiences visuelles, de l'obésité, des troubles du sommeil, une baisse de production de la mélatonine… » Ces conclusions doivent être confirmées, mais il y a là d'ores et déjà sujet de préoccupation.

1. Blanchard S., « Décrochez les enfants de la télévision », *Le Monde*, 28 février 2007.

Fille ou garçon : j'entre dans l'Œdipe

Après l'acquisition de la motricité et de la parole, voici venir une nouvelle étape pour l'enfant : la reconnaissance de son identité sexuelle, qui le fait garçon ou fille, est un enjeu important de son parcours ultérieur. Depuis sa naissance, il complète peu à peu les contours de son image du corps. Après en avoir exploré les sphères orales puis anales sous toutes les coutures, pourrait-on dire, il en arrive à la découverte de ses organes sexuels externes. S'il les connaissait déjà, ils prennent à cette période un intérêt particulier, en tant qu'ils sont différents chez l'un et l'autre sexe. Et c'est à travers les jeux sexuels (dont le fameux jeu du docteur) qu'il bâtit ses théories sexuelles infantiles. Freud a proposé le terme de « stade phallique » pour désigner cette période, mais je préfère parler de découverte des organes sexuels par le garçon et la fille, chacun avec ses particularités.

Le garçon investit libidinalement son pénis à partir des sensations spécifiques qui résultent, pour une part, de ses explorations auto-érotiques. Dans le même temps, il réalise que sa sœur, sa cousine ou sa copine n'ont pas « le même pénis » que lui. Il le savait depuis longtemps déjà, mais sous la pression de son identité sexuelle, cette différence devient source d'interrogation et va constituer un élément concret sur lequel la très prochaine angoisse de castration prendra appui. Chez le garçon, cette angoisse de castration peut souvent être très intense dans la mesure où il redoute d'autant plus de perdre son pénis qu'il vient de l'investir fortement lors du stade phallique. Ces craintes découlent des menaces paternelles, réelles ou imaginaires, portant sur ses activités et pensées sexuelles. La fille, elle, va investir sa région vulvaire avec, en filigrane, la question de l'existence du pénis qu'elle a vu chez les garçons. Chez elle, l'angoisse de castration existe aussi mais sous une forme sensiblement différente : l'absence du pénis est davantage ressentie comme un préjudice subi antérieurement, et elle cherche à le nier, à le compenser ou à le réparer. Mais, chez le garçon comme chez la fille, l'angoisse de castration est l'un des éléments essentiels des théories sexuelles infantiles.

À partir de cette reconnaissance de son appartenance à l'un des deux sexes, on n'est plus seulement un enfant, mais un enfant sexué, un garçon ou une fille, jamais les deux à la fois. Ce que Françoise Dolto appelle la « castration primaire » ouvre le chemin de la castration symbolique du fameux complexe d'Œdipe qui permet d'intérioriser deux interdits : l'interdit de l'inceste et l'interdit du parricide. Le complexe d'Œdipe découvert par Freud dans la dramaturgie grecque ancienne est une manière de comprendre comment le sujet, garçon ou fille, se construit, non plus seulement au travers de la relation à sa mère, mais au travers des relations d'amour et de haine envers ses deux parents. En effet, si sa mère est la personne qui lui a assuré les conditions de son développement « suffisamment bon », elle est aussi en couple avec son père, et ces deux personnes appartiennent à la génération qui précède la sienne ; ils entretiennent ensemble des relations diversifiées, dont un commerce sexuel qu'il ne pourra et ne devra jamais partager. Le « quand je serai grand, je me marierai avec maman ou avec papa » est une sorte de jeu d'illusion fantasmatique qui va devenir, au fil de la traversée œdipienne, une représentation interdite, structurant l'inconscient. Garçon et fille vont suivre un chemin un peu différent à ce stade : le garçon va devoir renoncer à sa mère archaïque (celle de la petite enfance) et à sa mère œdipienne (cette mère « désirable ») tout en s'identifiant à son père (même si cette identification n'est pas dénuée d'aspects agressifs) ; la fille va devoir renoncer à sa mère archaïque et à son père en s'identifiant à sa mère œdipienne. Dans les deux cas, cette « castration secondaire » structure le rapport entre le garçon ou la fille et leurs parents d'une façon définitive en rendant la réalisation de l'inceste interdite, sinon impensable. Lorsque l'énorme travail œdipien est accompli, deux générations coexistent, mais désormais le « mélange » est impossible. Le *deux* de la relation parent-enfant est maintenant remplacé par le *trois* de la relation fondatrice du groupe social : garçon ou fille, papa et maman. L'Œdipe est une équation qui fait passer de deux à trois. Le « quand je serai grand, je me marierai avec papa ou maman » se transforme. « Quand je serai grand… (silence réflexif)… depuis que je vais à l'école maternelle, j'ai rencontré une petite copine ou un petit copain… (silence)… il (ou elle) me plaît beaucoup ! » Les désirs œdipiens de rapprochement entre l'enfant et son parent qui exigeaient l'immédiateté, ne souffraient pas l'attente, se sont apaisés. On s'oriente vers une nouvelle temporalisation de l'existence : c'est la période de latence. La curiosité infantile, jusque-là entièrement tournée vers le sexuel, est sublimée et se développe dans les apprentissages intellectuels, affectifs et sociaux. Freud, dans ses *Trois essais sur la sexualité,* rappelle que « la sublimation intervient dans toutes les productions culturelles, dans le développement de l'individu ; elle résulte de la période de latence sexuelle de l'enfance[1] ». De nouvelles représentations des relations entre les deux générations en présence sont possibles. La passion pré-œdipienne et œdipienne se refroidit quelque peu et les objets pulsionnels deviennent plus abstraits, plus représentationnels. Le mouvement, les jeux moteurs ne sont plus les seules expressions de l'émotivité infantile ; de nouvelles modalités expressives se font jour. L'instabilité psychomotrice signifie alors : « Je n'ai pas encore mis en place les moyens d'exprimer autrement mes émotions et mes demandes, voire mes angoisses. » Le trop de motricité, l'hyperactivité, l'hyperkinésie deviennent autant de marqueurs de la période de castration anale ou musculaire en mal de limitation. Toute la clinique vient nous dire que quelque chose de cette période continue en quelque sorte de « fuir », de couler, de faire du tapage chez l'enfant qui ne sait pas encore traduire ce qui lui arrive avec des mots. Toute cette énergie qui ne parvient pas à se mettre en forme peut le conduire à des difficultés, voire des impossibilités d'accepter les limitations qui lui sont imposées. Son comportement s'en ressentira : le trouble des conduites n'est pas loin.

1. Freud S., *Trois essais sur la sexualité,* trad. P. Koeppel, Gallimard, 1991, p. 100.

6

Questions d'autorité

À travers le fameux complexe d'Œdipe, nous voyons en quoi la présence du père a pour fonction de réorganiser la dyade mère-enfant, aboutissant à la triade père-mère-enfant : le père est en même temps le premier étranger mais aussi le plus familier pour son enfant. Et pourtant ce triangle est présent depuis le début de l'aventure du bébé. Melanie Klein a insisté sur la précocité de l'organisation de l'appareil psychique, mettant notamment l'accent sur ce qu'elle a nommé l'Œdipe précoce et sur les premières figures surmoïques. Et les travaux récents d'Élisabeth Fivaz sur « le triangle primaire[1] » sont venus confirmer à quel point cette présence du père depuis le début de la vie joue en contrepoint de celle de sa mère une fonction très importante. Au cours du développement, cette présence paternelle connaît des variations ; elles vont avoir des grandes conséquences : nous avons rencontré le futur père au moment de la

1. Fivaz E., Corboz A., *Le Triangle primaire*, Odile Jacob, 2001.

conception, puis au long de la grossesse, en train de réaliser à sa manière un travail de psychisation de « son » bébé à naître ; à la naissance, dans la majorité des cas aujourd'hui, il est présent et aide la mère à accoucher ; quelquefois il peut couper lui-même le cordon ombilical. Puis il va donner le biberon si la maman n'allaite pas et, lors des consultations chez le pédiatre, il est de plus en plus présent. Dans la vie quotidienne, il partage avec sa compagne un certain nombre de tâches : le change, les courses, le ménage, et beaucoup concluent avec amusement, avec dépit ou avec rage : les pères deviennent de « bonnes mères » avec leur bébé. Pourtant, cette ressemblance apparente ne rime pas avec uniformité. On peut remplir des fonctions identiques, avec un style différent.

Fonction paternelle et autorité parentale

Le constat s'impose : les papas d'aujourd'hui ne ressemblent pas aux papas d'hier ; doit-on pour autant en déduire que la fonction paternelle n'est plus la même ? La place des deux parents, leurs manières d'être et de faire avec le bébé ont changé ; cela ne nous impose-t-il pas de changer aussi notre façon de considérer les choses ?

Pour continuer à comprendre ce qui se passe pour un bébé ou un jeune enfant dans son rapport avec son papa et sa maman, ne peut-on pas parler en termes de fonctions paternelle et maternelle plutôt qu'en termes de père et de mère ? Il est possible de considérer ces deux fonctions comme étant complémentaires et pouvant être exercées par les deux parents, tantôt d'une façon exclusive, tantôt d'une façon alternée. Ainsi, d'un certain point de vue, donner le biberon est une fonction maternelle puisqu'il s'agit de donner le lait qui nourrit, le biberon remplaçant alors le sein. La fonction paternelle serait davantage de séparer, de « faire tiers » comme le disent les psychanalystes. Mais cela n'empêche pas que le père puisse donner le biberon, avec une façon de faire qui lui est propre et qui inclut cette fonction de séparation. De même, la mère peut-elle parfois assumer la fonction séparatrice dans certains cas, mais là encore, à sa manière. Ainsi, une même fonction, qu'elle soit paternelle ou maternelle, peut être exercée alternativement par le père et la mère, l'essentiel étant que ce soit de façon distincte, dans un style différencié. C'est ce qui se passe généralement, lorsque les deux parents se sentent suffisamment libres dans leur manière de faire pour que celle de l'un(e) ne soit pas calquée sur celle de l'autre, évitant ainsi toute confusion. Les études de Cramer et Palacio Espazza nous ont par ailleurs appris que, dans les interactions précoces, le bébé reconnaît le style interactif de ses partenaires privilégiés, et différencie ainsi sa mère de son père d'une façon stable, dans les milieux sécures tout au moins.

La distinction des deux fonctions est fondamentale pour que la fonction paternelle ne disparaisse pas derrière la fonction maternelle, ce qui aurait pour inconvénient majeur de faire revenir à un scénario à deux, alors que le scénario à trois est essentiel pour l'enfant. En effet, dans presque tous les cas de passage du pas de trois au pas de deux, c'est la fonction paternelle qui disparaît. Or c'est précisément sur elle que repose en partie la limitation de la toute-puissance infantile. Et la fonction maternelle peut s'exercer d'autant plus sereinement que la fonction paternelle existe dans le psychisme de la mère. Cependant, il se peut tout à fait que le père assure une fonction maternelle prévalente et la mère, à certains moments, incarne la fonction paternelle ; l'important étant encore une fois que la distinction soit possible. Sinon, les éléments qui nourrissent le narcissisme de l'enfant sur la base de sa mégalomanie infantile normale n'ont pas de chance d'être détournés et transformés en énergie nécessaire pour s'ouvrir sur le monde extérieur à la dyade mère-bébé, à l'image du fleuve qui doit être détourné vers un barrage afin de produire une énergie utile pour d'autres tâches. La fonction paternelle peut donc être distincte de la personne du père, même si souvent les deux coïncident.

À chaque étape du développement, cette fonction paternelle va venir jouer un rôle dans la castration symboligène, à partir de la place d'autorité qu'elle aura prise auprès de l'enfant. La manière dont le parent qui exerce la fonction maternelle va composer avec elle est déterminante : en la refusant, la déniant ou la rejetant, on la disqualifie et on l'empêche de jouer son rôle ; à l'inverse, en lui accordant une place trop importante, on se met soi-même en position d'enfant.

Il s'agit là de tout un jeu subtil dont les effets ne peuvent être ni prédits ni attendus d'une façon linéaire : à chaque étape, celui qui exerce la fonction paternelle est en position de sujet avec ses manques, ses doutes et sa part de tragédie humaine ; et ce sont précisément ces failles qui donneront à l'enfant la possibilité de s'identifier à lui comme à un père possible, et non comme au père parfait.

Longtemps incarnée et exercée par le seul père, la fonction paternelle subit une évolution vers un « affadissement » – certains diront un adoucissement – de la figure paternelle. Dans le même temps, les sociologues et philosophes, dont Marcel Gauchet, décrivent un « processus de désymbolisation » caractérisé par la disparition de l'espace symbolique dans la ville nouvelle et celle des rites et des rôles dans l'évolution de la famille, notamment au niveau du destin de la figure paternelle. Pour le sociologue Louis Roussel, la famille se désinstitutionnalise, « elle n'est plus réglée comme une institution mais par un pacte privé, [...] et entend faire l'économie de tout tiers significatif[1] ». Et Jean-Pierre Lebrun met en évidence les effets d'une telle évolution sur les parts respectives des fonctions paternelle et maternelle : « Si l'une des conséquences de la privatisation de la famille est le déclin de l'identité du père, c'est parallèlement la voie à l'envahissement de la figure maternelle qui est ouverte[2] ». Plus loin, il ajoute : « L'histoire récente de la paternité ne laisse que peu de doutes sur le déclin des pères : l'ensemble du système patriarcal a en effet bel et bien vacillé. Nous pouvons en prendre pour preuve ce que nous constatons

1. Roussel L., cité par Lebrun J.-P., *Un monde sans limite*, Érès, 1997, p. 17.

2. *Ibid.*

dans l'évolution du droit dès la fin du XVIIIe siècle, à savoir une progressive limitation du pouvoir paternel pour en arriver à sa pure et simple absorption dans le concept d'autorité parentale[1]. » Nous sommes désormais très loin de la distinction faite par les théologiens au Moyen Âge entre *auctoritas* et *potestas*, l'autorité céleste du religieux et la puissance terrestre du politique.

Pour Daniel Marcelli, la critique de l'autoritarisme paternel hérité du *pater familias* romain n'est pourtant pas dénuée d'intérêt puisqu'elle a permis une évolution vers des pratiques plus égalitaires et, somme toute, plus démocratiques. Il n'en demeure pas moins que, à mon avis, la disparition de l'autorité paternelle est loin de représenter un progrès pour le développement de l'enfant. Et son « absorption » dans le concept d'autorité parentale ne règle pas automatiquement le problème complexe de la question de l'autorité. Si donc la fonction paternelle est maintenant assurée par les deux parents, c'est peut-être du fait du déclin de l'autorité paternelle qui reposait antérieurement sur la seule figure paternelle, mais sans doute aussi du fait de la réorganisation des fonctions maternelle et paternelle entre le père et la mère dans la famille d'aujourd'hui. En tout état de cause, la nature de l'autorité qui permet à l'enfant d'intérioriser un facteur limitant de sa toute-puissance infantile reste la question dont il faut débattre pour mieux comprendre comment aider ceux qui sont dans une difficulté particulière à ce sujet.

---

1. *Ibid.*, p. 25.

Les processus de parentalité

Dans son remarquable livre *L'Être-bébé*[1], Bernard Golse va plus loin dans l'étude de la parentalité. Il développe l'idée que le père est un processus plutôt qu'une chose en soi ; en tant que tel, il incarne une fonction de tiers à nul autre pareil. Pour Golse, la grande question reste celle du passage de l'interpersonnel à l'intrapsychique, c'est-à-dire des expériences que le bébé éprouve dans l'interaction jusqu'à leur intériorisation sous la forme de représentations stabilisées.

Afin de mieux étudier la portée des processus de parentalisation, Didier Houzel[2] et ses collaborateurs ont défini trois niveaux de la parentalité : l'exercice, l'expérience et la pratique.

L'exercice renvoie à l'identité de la parentalité, l'expérience à ses fonctions et la pratique à ses qualités.

L'exercice de la parentalité correspond au niveau symbolique, à ce qui définit les cadres nécessaires pour qu'un groupe humain, une famille et un individu puissent se développer. Ce niveau est caractérisé par un aspect non pas causal mais fondateur. L'exercice de la parentalité a trait aux droits et devoirs attachés aux fonctions parentales, à la place qui est donnée dans l'organisation du groupe social à chacun des protagonistes, enfant, père et mère, dans un ensemble organisé et, notamment, dans

1. Golse B., PUF, coll. «Le Fil rouge », Paris, 2006.
2. Houzel D. *et al.*, *La Parentalité,* Érès, 1998.

une filiation et une généalogie, conjuguant subtilement les lignages et les alliances qui ont présidé à la naissance de l'enfant. Enfin, l'exercice de la parentalité inclut l'autorité parentale mais ne se résume pas à elle.

L'expérience de la parentalité correspond à l'expérience subjective de ceux qui sont chargés des fonctions parentales. Elle concerne l'expérience affective et imaginaire de tout individu impliqué dans un processus de parentification, processus psychiques conscients et inconscients. Et c'est à ce niveau que se joue la relation imaginaire et affective du parent avec son enfant, son conjoint, ses propres parents.

Enfin, la pratique de la parentalité correspond au niveau réel, à travers les tâches effectives, observables, qui incombent à chacun des parents : soins, interactions comportementales et pratiques éducatives. Chaque fois qu'un enfant est séparé de ses parents, ces pratiques sont déléguées à d'autres adultes, que ce soit dans le cadre d'une vie habituelle (assistante maternelle, crèche...) ou du fait d'une séparation demandée ou imposée (justice, administration, précarité...)

La manière dont un enfant va intérioriser, en appui sur les fonctions parentales, les facteurs de limitation de sa toute-puissance infantile relève des trois niveaux décrits succinctement. Lors de son développement, il rencontrera un père. Que celui-ci soit symboliquement inscrit ou pas dans son arbre généalogique, il organisera une expérience subjective de sa paternité, en référence à ses propres expériences antérieures de fils, d'époux ou de compagnon et de père. À partir de ce niveau symbolique et de ce niveau subjectif, il inventera une co-construction des pratiques éducatives avec l'enfant. Et cet enfant va, par identification, se saisir des points d'appui qu'il rencontre pour construire des représentations qui le mettent progressivement à l'écart de la tyrannie de la présence nécessaire de l'objet.

Le surmoi : radar comportemental ou intériorisation d'un processus de limitation ?

Dans cette ambiance développementale, la notion de surmoi prend toute son importance. Mais qu'est-ce que le surmoi ? Une instance chosifiable sous la forme d'une sorte de radar spécialisé dans le retrait des points du permis de « se conduire » ? ou l'intériorisation d'un processus de limitation de la toute-puissance infantile qui se construit au fur et à mesure des étapes du développement ? De la réponse va dépendre la philosophie de l'éducation prodiguée aux enfants d'aujourd'hui.

Le surmoi est, dit-on, le digne héritier de ce que les parents œdipiens ont légué à leur enfant pour qu'il se conduise d'une façon socialement admise dans son groupe d'appartenance. C'est donc l'instance qui sert à l'enfant de boussole lui permettant de discerner ce qui est permis et ce qui ne l'est pas. Dans la première topique, Freud décrit trois instances psychiques : conscient, inconscient et préconscient qui vont venir éclairer d'un jour nouveau le fonctionnement psychique de chacun d'entre nous. Plus tard, poursuivant ses travaux, il va proposer la deuxième topique : moi, ça et surmoi ; plutôt que de s'opposer à la première, elle vient en enrichir la compréhension. Dans ces approfondissements, la notion de surmoi donne un éclairage sur ce qui, chez l'enfant, témoigne de l'intériorisation de ce que ses parents lui ont « appris », consciemment, mais aussi inconsciemment. C'est par le jeu des identifications que l'enfant va intégrer le surmoi des parents, ce qui lui permettra d'accepter les facteurs limitants de sa toute-puissance infantile. Nous avons vu comment, au cours de ce développement, les passages successifs par des opérations de castrations symboligènes produisaient chez lui des effets sur sa manière d'« être au monde », notamment sur son comportement. Si j'insiste sur cet aspect du problème, c'est pour bien montrer que ce comportement, quels que soient les symptômes présentés, n'est pas modifiable sans une intervention sur le ou les parents. C'est d'ailleurs tout l'intérêt de la pédopsychiatrie de montrer que prétendre traiter un enfant sans le faire en alliance avec ses parents (ou les substituts si les parents sont absents ou défaillants) est purement et simplement impossible. En effet, la méthode utilisée consiste à rendre opérantes les fonctions parentales, notamment l'autorité parentale, mais sans infantiliser les parents à leur tour, en leur prescrivant ce qu'ils devraient faire s'ils étaient de « bons » parents. Le terme d'alliance est ici important pour insister sur l'aspect horizontal de la collaboration ; elle est à l'opposé d'une attitude de prescripteur, hiérarchique et verticale. Cette alliance nous renvoie à la notion d'identification : pour que la castration symboligène puisse se faire, encore faut-il que l'enfant puisse en accepter la réalité et s'identifier à celui (ou ceux) qui la lui impose(nt). C'est ce que l'on appelle l'« identification à l'agresseur[1] ». Pendant tout son développement, l'enfant va mettre en scène en lui une sorte de théâtre intérieur dans lequel il fait jouer des personnages incarnant ceux avec lesquels il vit quotidiennement. Ces imagos, sortes de représentations grossières de ses parents, peupleront son monde interne en jouant et rejouant les scènes de ses expériences au fur et à mesure de leur déroulement. En jouant aux voitures ou à la poupée, le petit enfant intériorise les éléments de sa vie ordinaire et construit une représentation des forces en présence dans son cadre familial. Par exemple, le poupon ou le baigneur incarne une part de lui-même désirant tellement continuer à être comme avant la castration, et un « Power Ranger » ou un « Batman » seront le papa qui lui dit avec force ou en lui tapant dessus vigoureusement : « C'est fini, maintenant, tu n'as plus le droit de faire ça ! C'est bien compris ? » Les jeux de marionnettes trouvent ici toute leur pertinence, puisque l'enfant peut jouer avec ses deux mains, voire avec ses doigts, les différents personnages candidats à l'intériorisation. Dès l'instant où il met en scène ce genre de scénario, on peut dire qu'il est en train d'intérioriser par identification l'interdit qu'on lui a demandé de respecter. Mais il fau-

1. Elle est à la base du fameux syndrome de Stockholm, en référence à une prise d'otages survenue à Stockholm à l'issue de laquelle les otages soutenaient les thèses de leurs agresseurs.

dra sans doute un temps indéterminé pour qu'il en tienne compte dans la réalité de tous les jours.

Puisque le jeu est pour lui à la base de la fabrication de la représentation, nous voyons mieux comment un symptôme peut venir montrer que l'enfant est en train d'intérioriser le message. Mais, on l'aura compris, ce message est loin d'être simple, puisqu'il met en présence des désirs opposés : continuer à faire comme avant et cependant vouloir grandir pour faire autrement qu'avant et devenir comme papa ou maman. Dans cette conflictualité se retrouve une part importante des symptômes qui peuvent émerger au cours du développement. Et il serait illusoire de croire que l'enfant pourrait échapper à cette contrainte par l'entremise d'une fonction paternelle non interdictrice. Cela aboutirait à un évitement de la castration et à la continuité de la toute-puissance, voire à une culture généralisée de la toute-puissance. Les champions en sont incontestablement les psychopathes qui, n'ayant jamais rencontré la moindre limitation, se présentent comme des personnes antisociales. L'essentiel est plutôt que la contrainte au sein de laquelle les castrations successives doivent pouvoir se jouer et s'intérioriser gagne à ne pas être connotée de sadisme de la part de l'adulte en position parentale. La jouissance produite par le sadisme chez le parent n'a aucune vertu limitante chez l'enfant. En revanche, cela l'entraîne dans la confusion du double langage : « Tu prétends me dire ce qui est bien, mais je vois que ça te fait plaisir de me faire du mal. » Le sadisme existe pourtant chez chacun de nous, il est l'un des moteurs de l'agressivité normale, et quand il est suffisamment sublimé, il peut déterminer certaines manières d'être, certains rapports aux autres, et même certains choix professionnels pour lesquels il sera une qualité nécessaire. Apprendre un métier, quand on a la chance de pouvoir le choisir, consiste pour une part à réaliser un habile compromis entre les désirs contradictoires qui siègent en chacun de nous. Et si je demande très souvent à mes petits patients quel métier ils souhaiteraient exercer plus tard, c'est bien pour découvrir où ils en sont de ces processus sublimatoires et aussi de leurs choix identificatoires.

Beaucoup plus tard viendra un temps où l'enfant n'aura plus besoin de jouer avec son corps pour accompagner et faciliter l'intériorisation : il aura intégré, sous forme de représentations psychiques, les différents aspects éventuellement contradictoires des deux principes de son fonctionnement psychique : le principe de plaisir/déplaisir et le principe de réalité. On parle alors d'introjection, qui revêt des dimensions consciente et inconsciente indéniables, et dont les avatars seront à l'origine du fameux « retour du refoulé » : le sujet continue longtemps à désirer des choses, des objets – c'est le fantasme – soumis aux interdits successifs qui ont été introjectés. Ce combat permanent est à l'origine de toute vie psychique humaine sous ses différentes formes, de la normalité aux troubles psychiatriques.

Mais si le surmoi reste extérieur à l'enfant, voire à l'adolescent, par défaut d'intériorisation, les difficultés vont surgir car il sera toujours à la recherche de la satisfaction immédiate de ses pulsions. Le processus de sublimation restera donc en suspens. Le terme de suspens est important et ne doit rien au hasard : il indique qu'il est toujours possible d'aller vers la sublimation, à condition de pouvoir trouver, souvent grâce à d'autres, ce que Winnicott a appelé l'espace potentiel, où la création et la culture prennent leur source.

Un exemple littéraire est là pour nous aider à comprendre comment ce processus peut se déclencher, même tardivement. Dans son roman *Le Saule*[1], Herbert Selby Junior montre ainsi comment son héros accède à l'une des formes les plus civilisées de la sublimation, le pardon, au prix d'un très long travail d'humanisation.

Bobby est un adolescent noir d'à peine quatorze ans. Il vit avec sa mère, ses frères et ses sœurs dans un taudis du South Bronx infesté par les rats et il est amoureux de Maria, une jeune fille hispanique. Mais leur amour provoque la jalousie d'un chef de bande, d'origine hispanique lui aussi, qui attaque sauvagement les deux adolescents. Défigurée par un jet d'acide sulfurique, Maria doit être hospitalisée. Poignardé, Bobby est laissé pour mort sur le trottoir. Mais il sera recueilli par un clochard mystérieux, Moishe, qui entreprend de le soigner. *Le Saule* est le récit de cette guérison, lente et hasardeuse. Les blessures dont souffre Bobby sont essentiellement intérieures, comme celles de Moishe, dont nous découvrons peu à peu l'histoire. Il s'appelait Werner Schulz, était artisan, marié à Gertrud, père d'un petit Karl-Heinz, lorsque, au

1. Selby H. Jr, *Le Saule*, trad. française, F. Kerline, Le Seuil, coll. « Points », Paris, 1999.

cours de la Seconde Guerre mondiale, il a été pris dans une rafle avec des juifs en Allemagne. C'est à la dénonciation de son concurrent direct, un certain Klaus, que Werner doit son internement dans les camps de concentration. Là, il reçoit le prénom de Moishe pour avoir sauvé un juif au péril de sa vie... Bien des années plus tard, le sommeil du vieil homme est encore hanté de cauchemars, mais, heureusement, il y a toujours la présence de Sol, un ami qui lui a permis de transformer la haine qui l'habitait en permanence en pardon, ouvrant du même coup la voie à une sublimation fondamentale de la loi du Talion. Non pas un pardon spectaculaire que l'on regrette comme un effort, mais un pardon intériorisé après lequel rien n'est plus comme avant. On peut dire que cette histoire est une variation sur le thème du dépassement de la violence et de la vengeance.

À sa sortie du camp de concentration, à la fin de la guerre, Moishe immigre vers les États-Unis avec sa femme et son fils qu'il a retrouvés. Il va vivre quelques années heureuses avec eux, et le symbole de ce bonheur retrouvé est la promenade à Prospect Park, jusqu'au saule qui pleure au bord du lac, un arbre qui rappelle à Gertrud et Moishe leur première rencontre là-bas, en Bavière, avant la guerre. Mais le bonheur ne dure que quelques années. Son fils est tué au Vietnam et sa femme meurt peu après de désespoir. Lui, Werner-Moishe va survivre en se retranchant dans un appartement caché au milieu des quartiers sinistrés du Bronx, et auquel on ne peut accéder que par des ouvertures dérobées.

C'est là qu'il recueille un jour Bobby. L'adolescent a perdu beaucoup de sang mais il le soigne et, finalement, le sauve d'une mort certaine. S'il reprend peu à peu des forces, grâce aux bons soins, physiques et psychiques, de Moishe, Bobby survit essentiellement grâce à sa haine envers ceux qui les ont attaqués, Maria et lui. Il quitte alors son sauveur et retrouve son frère. Mais il apprend que Maria s'est suicidée à l'hôpital après quelques semaines de soins intensifs. Désespérée devant son image défigurée dans le miroir, persuadée que Bobby était mort et se sentant trop seule malgré une mère et une grand-mère aimantes, elle s'est jetée par la fenêtre de sa chambre du neuvième étage. La douleur de Bobby est immense et son ardent désir de vengeance ne fait qu'empirer. Mais Moishe est là, qui continue de l'aider, de l'aimer. Peu à peu une sorte de compréhension par empathie se produit entre les deux personnages de ce huis clos. Malgré tout, Bobby entreprend de se venger de ses bourreaux un à un. Il réussit à les intimider les uns après les autres, et fait régner la terreur dans la vie du responsable de la mort de Maria. Un soir enfin, il part en expédition punitive et la vengeance est au bout de ses mains : il lui suffirait de lâcher son persécuteur pour qu'il tombe sur le trottoir, exactement comme Maria. Mais un profond changement se produit soudain en Bobby et le détourne de cette funeste voie de la retaliation[1]. Il rentre alors chez Moishe, son

1. Retaliation est un terme utilisé pour parler de la vengeance exercée suivant la loi du Talion.

initiateur, et partage avec lui cette victoire de l'humain sur la barbarie.

Un tel roman a une valeur générale dans notre Occident contemporain : il fait œuvre civilisatrice et justifie l'importance des récits sur les différentes expériences du nazisme, du fascisme, de la colonisation et des guerres que nous devons absolument restituer et transmettre à nos enfants. Ce conte philosophique peut nous aider à comprendre les démons à l'œuvre dans l'homme, identifiés par Freud lorsqu'il aboutit à la mise en évidence du dualisme pulsionnel : la pulsion de mort en opposition avec la pulsion de vie.

Mais si j'ai choisi ce texte, c'est parce qu'il nous montre un parcours singulier et exemplaire : celui d'un adolescent, habité par la haine et l'esprit de vengeance, qui parvient à les transformer pour accéder au pardon. Et ce cheminement peut se faire essentiellement grâce à une rencontre. Bobby (re)vit une régression au cours de laquelle il (re)passe successivement par différentes étapes. Alors qu'il est blessé, son sauveur le soigne en le considérant comme un être avec lequel on ne peut entrer en contact que par le corps. Cela permet une première guérison, corporelle, et Bobby retrouve ainsi l'usage de sa musculation : il peut se tenir debout et se sent encore plus fort pour se venger. Il quitte alors son guérisseur, pour vivre son autonomie et sa liberté, sans laquelle il ne peut choisir sa propre voie. Mais apprenant la mort de Maria, sa rage et sa colère sont telles qu'elles masquent sa tristesse et, de façon quasi automatique, il retourne chez Moishe. En lui racontant son histoire, il reconnaît sa dette envers lui : de son plein gré, il accepte de recevoir de sa part un enseignement implicite, une initiation. C'est ainsi que se met en place une affiliation qui permet à cet adolescent de déplacer les mécanismes premiers d'identification aux parents vers un support identificatoire qu'il a choisi et qui élargit le cercle familial.

La manière dont Moishe se comporte avec lui n'est pas calculée, elle résulte de ce travail très profond qu'il a dû effectuer sur lui-même au cours de ses mésaventures et malheurs personnels. Et elle pourrait inspirer la réflexion des équipes qui accueillent les enfants et les adolescents en souffrance. Il s'agit du *pathei matos* de Socrate, l'enseignement par le partage de l'épreuve, dans lequel la dimension temporelle est incompressible, à la mesure du temps de l'élaboration psychique et de la perlaboration décrite par Freud. Mais il faut insister sur un point encore : ce travail de maturation ne peut s'effectuer qu'à deux, comme tout travail d'identification. Le désir de vengeance de Bobby est confronté à celui de Moishe, ou plus exactement à ce qu'il en a fait, lui qui avait bien des raisons de le mettre à exécution. Voilà bien un processus d'identification : l'adolescent trouve chez Moishe du « pareil » mais aussi du « pas pareil ». Et comme il a pu s'appuyer sur le « pareil », au cours de sa guérison posttraumatique, lorsqu'il était soigné comme un enfant donné pour mort, il peut maintenant accepter le « pas pareil » de l'histoire de son ami devenu presque un parent, et le reconnaître avec ses différences. Selon le terme psychanalytique, il est en mesure d'en introjecter les structures fondamentales dans sa propre psyché, ce qui ouvre la porte à d'autres solutions que la seule loi du Talion en vigueur chez les vengeurs : œil pour œil, dent pour dent. Ici, le gang hispanique a abîmé cet œil et cette dent, chez Maria et chez Bobby, mais celui-ci saura se retenir de leur rendre la pareille, tout comme Moishe qui ne s'était pas vengé de son dénonciateur à sa sortie des camps. Qu'est-il donc arrivé à Bobby au cours de ce cheminement ? Il a accédé à la sublimation, ce qui lui permet de devenir un homme capable de générosité, comme celui auquel il a pu s'identifier. Ainsi le retour à la toute-puissance infantile apparaît comme une mise en condition pour se venger de ses ennemis ; la violence en miroir semble la seule réponse possible et, sans la rencontre avec un troisième, il n'y a pas d'autre solution que la mort. Ici, la castration musculaire vient d'un tiers qui n'impose rien, se contentant de témoigner de son éthique mais sans prétention normative, et surtout d'une façon implicite : « Tu ne tueras point, tu ne te serviras pas de tes muscles pour jouir de la souffrance que tu pourrais infliger à un autre que toi. Mais tu feras appel à un autre qui, dans sa puissance d'hétérogénéité fondatrice, prendra du recul par rapport à la réalité de la situation dans laquelle tu te retrouves ; cet autre peut soutenir la Loi des hommes et assumer avec toi ce qu'elle précise et contient dans le code pénal qui la décrit en détail. Suis ce chemin et tu arriveras peut-être à la castration symbolique. »

7

Les enjeux du dépistage : prévention ou prédiction ?

Classiquement, au cours de nos études médicales, nous apprenons les différentes maladies en distinguant la démarche diagnostique du pronostic. Le pronostic résulte de calculs statistiques qui racontent les avenirs possibles d'une maladie en fonction de différents paramètres appartenant au diagnostic. Son principal avantage est de préciser les facteurs qui peuvent en influencer l'évolution d'une façon favorable ou défavorable. Cette approche fonde la prévention et un de ses effecteurs, le dépistage. Mais un des mirages actuels est de considérer que la transposition des signes prédictifs de la médecine vers la santé mentale est une opération qui ne pose pas le moindre problème épistémologique : il n'en est rien. Et l'ensemble de ces considérations prend inévitablement un tour politique.

Prévention, prédiction et politique

La prévention existe et a pour but d'éviter la survenue de la maladie. En médecine, elle est parfois d'une grande efficacité (les vaccinations par exemple), mais ne suffit pas dans tous les cas à ce que tout le monde échappe à la maladie visée. Dès que l'on passe dans le champ de la psychiatrie et de la santé mentale, les difficultés surgissent. Et encore davantage lorsqu'il s'agit de la santé mentale d'êtres en développement, les enfants.

Dans la prévention, nous pouvons nous appuyer sur le schéma suivant : l'apparition d'une souffrance psychique est un signe d'appel qui peut déterminer l'intervention des professionnels de première ligne (ceux de la petite enfance : pédiatres libéraux, de PMI, personnels des crèches, des écoles maternelles…) et la mise en place d'un dispositif de soins qui sera réaménagé en fonction de l'évolution du trouble. Lorsque la souffrance psychique disparaît, la prévention est réussie ; sinon on passe aux soins proprement dits, qui seront alors effectués par des psychologues ou des pédopsychiatres et leurs équipes.

Dans l'exemple du trouble des conduites, et à la lumière de tout ce que nous avons développé jusqu'à présent, il ne fait pas de doute que lorsqu'on arrive à aider les parents à exercer leurs fonctions parentales, et à restaurer leur autorité parentale, l'enfant intègre peu à peu les limitations successives lui permettant de ne pas aller vers des conduites transgressives. Mais les signes sur lesquels on peut s'appuyer valablement pour suivre cette évolution sont aussi les indicateurs de l'efficacité des mesures préventives proposées. À aucun moment, un signe ne peut être prédictif d'une pathologie à venir. À moins de considérer qu'on pourrait ne rien faire et se contenter de le « regarder » évoluer vers l'apparition de la maladie qu'il était censé prédire – attitude incompatible avec l'éthique médicale.

Le concept de prédiction n'est rien d'autre que le résultat d'une pensée statistique de la médecine. Ainsi, passer un temps donné dans un environnement de fumeurs « condamne » statistiquement à tel pourcentage de « chances » de développer un cancer du poumon. Je peux donc prédire un risque de survenue du cancer en fonction de critères validés par des études reconnues par la communauté scientifique. Pourtant, les choses ne sont pas si simples. Certains, qui ont fumé comme des volcans, n'ont jamais eu le moindre cancer jusqu'à leur mort ; à l'inverse, d'autres, qui n'ont jamais fumé ni été en contact avec des fumeurs, sont morts de cancer. Dans la médecine physique, les écarts à la norme viennent ainsi rappeler une réalité qu'on oublie parfois un peu vite : l'homme « moyen » n'existe pas. Les facteurs prédictifs de telle ou telle pathologie sont indirects, par exemple fumer ou pas, conduire vite ou pas ; la seule vérité qui vaille est la suivante : arrêter de fumer diminue les risques de cancer et conduire moins vite diminue les risques d'accident. Mais lorsque les premiers signes du cancer apparaissent, ils ne sont plus considérés comme prédictifs, puisqu'ils sont les signes de la maladie, et lorsque l'accident de voiture survient, c'est la réalisation de la prédiction.

En revanche, en ce qui concerne la délinquance, les signes prédictifs sont déjà considérés comme de la délinquance. Or l'expérience nous apprend tous les jours que lorsqu'ils sont pris en charge d'une façon adéquate, ils n'évoluent pas toujours vers la délinquance. La solution n'est donc pas tant de chercher des signes prédictifs, que de prendre en compte, ici et maintenant, les signes de souffrance psychique avant leur cristallisation sous forme de signes de délinquance, afin d'offrir un autre avenir à l'enfant et à ses parents. Dans cette perspective, il est indispensable d'établir une relation de confiance avec ces derniers, afin que la souffrance qui émerge soit un « objet parleur » (Racamier), autrement dit l'occasion de demander de l'aide aux personnes compétentes.

Mais rappelons-le à ceux qui tendent à l'oublier : la confiance est antinomique de la délation. Pourtant si l'on s'obstinait à traquer des signes prédictifs de délinquance, cela conduirait tout droit vers un système de délation généralisée avec, comme conséquence, d'empêcher tout parent de demander de l'aide. En effet, cette démarche aboutirait aussitôt à un signalement, suivi de mesures pour le moins dissuasives : ordonnance de formation à la parentalité, mise sous tutelle des prestations familiales, information signalante au maire de la commune...

Résultat de la loi de 1989 sur les abus sexuels et la maltraitance des enfants, le signalement représente un très grand progrès dans la protection des enfants victimes de ces traumatismes. Sa mise en application a permis de révolutionner profondément l'abord de ce problème majeur de nos sociétés contemporaines. Mais exporter ce concept dans le champ de la prévention de la délinquance relève d'un sophisme qui confond la protection d'un enfant avec la protection de la société. Parmi les enfants concernés par le trouble des conduites, je ne doute pas que certains doivent être protégés de leurs parents inadéquats. Mais ils constituent une minorité par rapport aux autres, dont les parents ont surtout besoin d'aide pour retrouver leurs fonctions parentales désinvesties ou disqualifiées.

Entre la prévention et la prédiction, le dépistage est un élément concret et objectif de repérage des signes de souffrance psychique et peut servir à mettre en place une véritable politique de santé publique.

Dans ce domaine, la question devient très complexe, car la subjectivité des uns et des autres doit être prise en compte. Ainsi, certains supportent des enfants qui bougent beaucoup alors que d'autres sont d'une intolérance presque pathologique à toute agitation ; certains acceptent les mensonges comme constitutifs du développement quand d'autres sont très inquiets dès que l'enfant entreprend de revisiter les événements de sa vie… En matière de souffrance psychique, le seuil d'un dépistage est donc une prise de position politique, qu'on le veuille ou non.

De nombreux et excellents auteurs de politique-fiction ont d'ailleurs basé leurs intrigues sur de telles préoccupations… sanitaires. Le plus connu est sans doute Orwell, et son fameux *1984*, qui nous donne une idée de ce que serait un dépistage systématique type Big Brother[1]. À l'opposé, notre philosophie serait de favoriser la rencontre des parents et de l'enfant avec des professionnels formés à accueillir cette souffrance particulière qui

1. Orwell G., *1984*, Gallimard, « Folio », 1972.

met en question l'identité de l'enfant, son rapport au monde et ses limites entre soi et non-soi.

Cela entraîne plusieurs conséquences sur le plan de la stratégie générale, et notamment sur le plan politique. Si la prévention équivaut à une prédiction, la rencontre avec le médecin n'a plus pour but de poser un diagnostic et de proposer des soins ; elle devient une occasion de soumettre le patient à une équation statistique qui surdéterminera son avenir, au risque de le faire entrer dans le ghetto des maladies prédites. Le débat n'est pas nouveau entre partisans et opposants de la sociobiologie. Il y a quelques décennies, un auteur comme Marshall Sahlins montrait déjà que, dans les hypothèses de cette nouvelle science, c'est le niveau subjectal de l'individu qui était scotomisé, enfermé sans nuances entre les contraintes de son génome et celles de son groupe social de référence.

D'autre part, la logique d'une médecine prédictive est d'obliger le sujet à qui l'on prédit quelque chose à se soumettre à un plan d'action, visant à évincer l'agent causal de la maladie, soit pour lui, soit pour ses descendants. Si cela est concevable pour le VIH ou la grippe aviaire, ça l'est moins en matière d'angoisse maternelle par exemple, pour laquelle, comme chacun sait, aucun facteur particulier n'a été isolé. Néanmoins, dès lors qu'un plan sanitaire est établi, il paraît irréfutable, à tel point que ceux qui le refusent deviennent coupables. Ainsi, les campagnes antitabac actuelles tendent-elles à faire passer ceux qui fument encore au mieux pour des suicidaires, au pire pour des criminels. On voit ainsi comment on peut très rapidement se retrouver dans une médecine qui entend faire le bien des personnes, fût-ce contre leur volonté. La logique d'une prévention sous contrainte se généralise et devient en soi une vérité incontournable. Plusieurs exemples historiques recueillis dans des pays totalitaires montrent bien la dérive de telles « sanitarisations biopolitiques » (Foucault) censées faire le bien du peuple malgré lui. Les administrations se déchaînent, la bureaucratie se stalinise, la technocratie se pare des plumes de la science et le tour est joué : la liberté individuelle est bafouée au profit du bien collectif supputé.

Résister à de telles configurations me paraît être un impératif. Si l'on veut conserver certaines pratiques que d'aucuns considèrent déjà obsolètes, la résistance doit s'opérer à plusieurs niveaux. Tout d'abord, il faut continuer à penser ensemble et à former les plus jeunes à une vraie politique de prévention ouverte et contractuelle : elle suppose que ceux auxquels elle s'adresse aient le choix authentique d'en suivre les indications ou non – et la médecine est contenue tout entière dans cette proposition. On sait que, dans certaines problématiques psychiatriques, elle s'impose au sujet par le biais d'une hospitalisation sous contrainte qui fait d'ailleurs l'objet d'un débat spécifique. Mais, dans tous les autres cas, l'obligation de se soumettre à la prévention n'est rien d'autre qu'une pratique totalitaire.

Penser la prévention veut dire réfuter la prédiction comme pensée magique, car cela implique de faire l'impasse sur les potentialités humaines de résilience, de réparation, à travers des rencontres réorganisatrices, que, précisément, toutes les approches psychothérapiques favorisent.

Pour être efficace, la résistance doit utiliser les systèmes de notre démocratie permettant la réunion des compétences, des savoirs, des recherches, des cultures : la décentralisation, le fédéralisme, les réseaux, en un mot le polycentrisme. La pétition « Pas de zéro de conduite pour les enfants de trois ans » nous a permis de mesurer l'impact possible de ces nouvelles formes de résistances aux objurgations totalisantes. En effet, en quelques semaines, elle a recueilli la signature de plus de deux cent mille personnes d'horizons divers, donnant lieu à un vaste débat, par le biais notamment des moyens de communication modernes, comme Internet. Cette mobilisation a réussi à faire reculer le gouvernement sur la question des prétendus signes prédictifs de délinquance à l'âge de trente-six mois. Et quelques mois plus tard, en novembre 2006, un colloque organisé par l'Inserm avec la participation des pétitionnaires a permis de trouver des solutions pour que les expertises sur des sujets de pédopsychiatrie ne soient plus réalisées dans les mêmes conditions : les aspects anthropologiques, les pratiques et les références des professionnels de l'enfance devront désormais être pris en considération. Enfin, pour couronner le tout, le Comité consultatif national d'éthique pour les sciences de la vie et de la santé, a rendu un rapport sans ambiguïté sur ce sujet complexe. Il conclut : « Le CCNE ne peut pas approuver une volonté d'inscrire la médecine préventive dans le champ de la répression, qui conduit à considérer l'enfant comme un danger, et le fait passer de facto du statut de victime à celui de présumé coupable. Une approche visant à prédire une évolution vers des formes violentes de délinquance à partir de troubles précoces du comportement n'est pas pertinente sur le fond en l'état actuel des connaissances et doit donc être proscrite, les paramètres disponibles n'étant pas suffisamment significatifs pour permettre de le faire sans échapper aux préjugés sociaux ou idéologiques toujours présents dans nos sociétés. Le développement d'une réflexion sur la différence entre prédiction, accompagnement, et prévention devrait être encouragé dans tous les secteurs de la société, en particulier ceux qui sont impliqués dans la prise en charge de l'enfance[1]. »

Mais, malheureusement, cela n'a pas empêché les représentations parlementaires de maintenir les prérogatives accordées au maire de la commune en matière de prévention de la délinquance (article 8), et notamment en ce qui concerne la levée du secret professionnel (en cas de difficultés sociales, éducatives ou matérielles), oubliant son importance dans l'instauration d'une relation de confiance entre les familles et ceux qui les prennent en charge.

Enfin, pour que la résistance soit vraiment efficace, il est désormais impérieux de faire les jonctions nécessaires entre les différents courants théoriques et pratiques qui

1. Ameisen J.-C. *et al.*, « Problèmes éthiques posés par des démarches de prédiction fondées sur la détection de troubles précoces du comportement chez l'enfant », Avis n° 95 du CCNE, 11 janvier 2007.

concernent le champ de l'enfance, pour trouver des approches cliniques de la souffrance psychique qui soient l'objet d'un véritable consensus. Encore faut-il que ce consensus ne se résume pas à l'expression de vœux pieux, toujours bons pour les autres, mais jamais pour soi.

Tout n'est pas joué avant cinq ans

« Bien entendu, nous pourrions être d'accord avec sa (Adler) discussion au sujet du pessimisme encore parfois rencontré de nos jours dans certains cercles psychanalytiques qui transforment l'adage "tout se joue avant cinq ans" en "rien à faire après cinq ans". Mais on peut penser que c'est précisément le rôle de la psychanalyse comme traitement de soigner ce qui s'est mal développé : on n'a pas besoin d'interner les "cas sociaux" ; les instituts dont rêvait Adler ont été réalisés depuis et n'ont pas eu les résultats qu'il en attendait[1]. »

On le voit, le débat n'est pas nouveau puisqu'il date du temps de Freud ! Pourtant, s'il est un argument en faveur de la prévention, c'est bien celui-ci : tout n'est pas joué avant l'âge de cinq ans. S'il est vrai que beaucoup de choses se jouent très tôt dans la vie de l'enfant (trois ans), il ne faut pas en déduire que tout est irrémédiablement figé cet âge. Il deviendrait alors un cap fatidique,

1. Geissmann C. *et al.*, Hermine Hug-Hellmuth (la première, la disciple obstinée de Freud), in *Histoire de la psychanalyse de l'enfant*, Bayard, 2004, p. 110.

une date limite après laquelle plus rien n'est possible quand, en réalité, il représente une étape parmi d'autres, toujours ouverte sur de multiples possibilités de remaniements psychologiques et même physiques – y compris sur le plan de la plasticité cérébrale qui n'a pas encore atteint sa maturité. Or le seul rôle de la prévention est de rouvrir un chemin en train de disparaître sous la ronce des symptômes qui viennent nous prévenir qu'une souffrance psychique ne trouve pas d'autre voie que la pathologie pour se manifester. Nos expériences multiples de pédopsychiatres sont là pour en témoigner : de nombreux enfants reçus en consultations à ce carrefour du développement pour des symptômes en rapport avec une authentique souffrance psychique vont connaître une évolution favorable, à condition bien sûr d'être pris en charge d'une façon adéquate. Il arrive même souvent que cet épisode de la petite enfance soit l'objet d'une amnésie ultérieure. L'exemple le plus célèbre est celui du petit Hans[1] atteint d'une phobie infantile pour laquelle Freud réalise, par l'intermédiaire du père du garçon, une psychothérapie qui connaîtra un dénouement heureux. Interrogé quelques années plus tard, Hans ne se souvient plus de grand-chose à ce propos. Et pourtant sa phobie infantile a disparu. Pour ma part, j'ai suivi pendant plusieurs années en psychothérapie un jeune garçon ayant des angoisses archaïques massives, pouvant évoquer une possible pathologie de la personnalité.

1. Freud S., « Un cas de phobie infantile », in *Cinq psychanalyses*, PUF, 999.

Jacquot, âgé de six ans, présentait de graves troubles du comportement à l'école. Une instabilité permanente, de gros troubles de l'attention, des conflits fréquents et faisant toujours de lui la victime annoncée, rendaient la vie scolaire difficilement supportable pour lui-même, mais aussi pour ses parents et pour son instituteur. Pourtant, à la maison, Jacquot était tout autre : replié dans sa chambre, souvent absent dans le contact. Devant mes ressentis contre-transférentiels de tristesse lors des entretiens avec lui, il m'était apparu qu'un travail psychothérapique serait utile pour dépasser l'organisation défensive contre la dépression que cet enfant mettait en place par ses symptômes. Avec l'accord de ses parents, intéressés eux-mêmes par des rencontres mensuelles pour faire le point sur l'avancée du traitement de leur fils, une psychothérapie avait donc débuté, à raison de deux séances hebdomadaires. Rapidement les symptômes avaient régressé. Devant cette amélioration rapide, Jacquot lui-même s'était posé la question de poursuivre. La présence chez lui d'une dépression plus franche l'avait convaincu de continuer nos recherches en commun. Une psychothérapie s'était déroulée pendant toute la durée de son primaire, à la fin duquel, Jacquot et moi, avions décidé d'un commun accord d'arrêter la prise en charge.

Je continuais cependant à avoir des nouvelles de temps à autre, par l'intermédiaire de son père, professionnel de santé que je rencontrais dans des réunions de travail. Les années de lycée et de collège s'étaient déroulées sans heurts, Jacquot avait passé son baccalauréat et était parti faire des études universitaires au Québec. Et voilà qu'un jour sa mère me téléphone pour me dire que son fils est en vacances en France et souhaite me revoir, ce que j'accepte volontiers. Il vient au rendez-vous avec une jeune et jolie jeune fille. Québécoise, elle parle avec cet accent que j'aime particulièrement et qui me fait sourire de plaisir. « Je t'avais bien dit que c'était un type qui aimait rire, non ?! » lance Jacquot à son amie. Je m'étonne de la remarque, même si elle souligne un trait de mon caractère, parce qu'elle montre que j'ai été un sujet de discussion entre eux.

Lorsque je reste seul avec Jacquot, il me confie qu'il voulait absolument que je voie le résultat de ce que j'avais fait avec lui et me présenter « son amoureuse » (*sic*). Je lui réponds que je la trouve, elle et son accent, superbe et que, pour le reste, c'était lui qui avait beaucoup travaillé lors de nos rencontres, je n'étais là que pour l'aider. Il avoue alors ne m'avoir vraiment reconnu qu'au moment où j'ai souri et évoque l'importance d'avoir « rencontré, quand il était petit et malheureux, quelqu'un qui lui faisait confiance quand tous les autres, même ses parents, étaient désespérés de son évolution ». Il serait bien incapable de dire ce que nous avons pu nous raconter deux fois par semaine pendant toutes ces années. Il en conserve seulement « l'impression d'avoir pu ouvrir des portes à nouveau quand j'étais enfermé dans un tunnel sans lumière » et c'est cela qu'il voulait partager avec son amie.

Cette seule évocation me remplit d'émotion. Si je la raconte, c'est parce qu'elle démontre que « tout n'est pas joué à trois, cinq ou, comme ici, six ans ». Tout peut se jouer encore après. Il suffit que le petit d'homme présentant des difficultés psychiques rencontre une personne (si possible un professionnel de la petite enfance averti et accueillant) qui lui propose de travailler sur la souffrance qui l'emplit de chagrin ou de colère, pour en faire quelque chose. Alors la prédiction, qui dans notre domaine prend trop souvent la forme d'une malédiction, s'inverse et l'enfant peut retrouver, en lui et auprès des siens, les moyens de construire plus solidement son avenir.

Lorsque je réfléchis aux histoires d'enfants et d'adolescents rencontrés depuis que je fais ce métier assez difficile mais passionnant, je mesure à quel point il pourrait être tentant de généraliser. Mon expérience me permettrait alors des diagnostics à mi-chemin entre la prophétie et le statistiquement pondéré : « Étant donné tel symptôme, je pense que cela va évoluer de telle manière… », dont la principale vertu serait sans doute de me rassurer moi-même. Pourtant, je reste persuadé que, pour chaque enfant, le nombre et la qualité des données sont tellement variables que mes impressions cliniques sont à chaque fois soumises à quelque nouvelle surprise. On touche là à un élément essentiel du travail psychothérapique : la singularité de chaque rencontre, de chaque histoire. Elle est incontournable et nous demande une grande modestie dans les jugements que nous pouvons porter sur nos expériences cliniques et thérapeutiques.

8

Les chemins de la psychothérapie

Disons-le d'emblée : mon propos n'est pas de condamner définitivement des formes de thérapies que je connais peu ou pas : les thérapies à « conditionnement opérant », comportementales, cognitivo-comportementales, et autres thérapies brèves, pour mieux encenser la psychothérapie d'inspiration freudienne. Je souhaite davantage prendre position. Je me suis formé durant de très longues années à la psychanalyse et à la psychothérapie d'enfants, et mon sang ne fait qu'un tour lorsque j'entends diffamer[1] avec tant de haine la psychothérapie inventée par Freud et progressivement développée par ses élèves et continuateurs, au profit des thérapies de nature rééducative qui pourraient se targuer d'une plus grande validité sous le prétexte qu'elles seraient mesurables dans leurs

1. *Le Livre noir de la psychanalyse* fait à ce sujet figure de référence et d'épouvantail. J'ai eu l'occasion, dans la réponse organisée par Élisabeth Roudinesco, avec Roland Gori et quelques autres, *Pourquoi tant de haine* ?, de donner mon point de vue détaillé sur ce mauvais procès. Voir Roudinesco E., *Pourquoi tant de haine ?*, Fayard, 2006.

effets. Je crois profondément qu'il n'en est rien pour la bonne raison que les unes et les autres ne répondent pas aux mêmes objectifs ni aux mêmes paradigmes.

Les psychothérapies dérivées de Freud et de la psychanalyse se situent nettement du côté de la recherche du sens de la trajectoire de l'humain, au travers des possibilités diverses et multiples qui s'offrent à chacun d'entre nous tout au long de sa vie. Les thérapies rééducatives se fixent plutôt comme ambition la résolution pragmatique de symptômes plus ou moins gênants dans la vie quotidienne, dans un laps de temps déterminé, toujours relativement court.

On l'aura compris, mes choix personnels et professionnels sont clairs.

Mais l'essentiel est ailleurs : les grands enjeux du débat actuel sur les classifications internationales, les manières de considérer les symptômes dans la définition d'une maladie ou d'un comportement, les prises de positions à l'emporte-pièce pour les psychotropes contre les psychothérapies freudiennes et bien d'autres questions, ne sont pas l'œuvre du hasard. Tout cela répond à des choix de ce que les phénoménologues appellent l'« être au monde », qui dépassent de loin les seuls intérêts des laboratoires pharmaceutiques et des politiciens souhaitant faire l'économie de débats démocratiques sur des sujets aussi importants. Il en va de la manière dont on continue ou non à considérer l'humain comme une valeur en soi. Il en va d'un choix que nous sommes en train de faire plus ou moins consciemment entre « la reconnaissance de la valeur humaine de la folie » et sa valeur marchande. Rien de plus, mais rien de moins.

La psychothérapie institutionnelle

La psychothérapie est constituée de l'ensemble des méthodes qui permettent de traiter l'appareil psychique en souffrance. Depuis l'Antiquité, certaines approches ont connu plus ou moins de fortune, mais c'est principalement à partir du siècle des Lumières que la conception philosophique de l'homme en a permis l'avènement progressif. D'abord sous la forme du « traitement moral » (Pinel), qui consiste à s'inspirer d'une « médecine philosophique » qui conçoit l'aliénation mentale dans la globalité de l'homme, et instaure vis-à-vis de l'aliéné un respect de son humanité et une écoute de ses passions ; puis, un siècle plus tard, avec la découverte de l'inconscient par Freud, sous sa forme élaborée, la psychanalyse. La psychanalyse est le modèle d'une praxis qui a profondément révolutionné l'approche de la souffrance psychique de l'homme. Elle a ainsi grandement contribué à fonder des dispositifs thérapeutiques complexes de nature à permettre aussi son utilisation pertinente dans les pathologies les plus problématiques. Il apparaît donc clairement que la démarche psychothérapique a pour but de redonner du sens aux symptômes entendus comme signes de la souffrance psychique humaine, en les resituant dans l'histoire d'un sujet, et donc dans la structure qui a conduit à son expression sur ce mode singulier. Dans cette conception des choses, il va de soi que tout ce qui concourt à diminuer cette souffrance par ailleurs – que ce soit les aspects physiques, développementaux, socioéconomiques et autres – contribue, par une action sur le cadre de la psychothérapie, à favoriser par l'expression langagière une partie des éléments dont le sens a fait défaut jusqu'alors.

Mais la psychothérapie freudienne reste le modèle paradigmatique du travail psychique spécifique à effectuer avec les patients pour lesquels l'enjeu est de retrouver un sens à leurs symptômes. De toutes les études entreprises avec les psychothérapeutes, il ressort une constante : il s'agit de repenser le cadre de la psychothérapie pour prendre en compte les qualités particulières du transfert à l'œuvre dans les différentes pathologies, y compris les pathologies psychotiques. L'institution (ou les institutions) devient alors un élément essentiel de ce cadre, et il convient de composer avec lui, voire de l'organiser pour que la conduite de la psychothérapie y soit possible. Il nous arrive souvent de parler à cette occasion d'une véritable stratégie psychothérapeutique. Et c'est la raison d'être de la psychothérapie institutionnelle[1]. Dans les pathologies étudiées dans cet ouvrage, il apparaît que, dans de nombreux cas, le dispositif classique (divan ou psychothérapie en face à face) n'est pas souhaitable, voire pas possible en raison de la pathologie et/ou de l'âge des enfants. Dans beaucoup de ces histoires, d'autres intervenants sont à prendre en compte si l'on veut réussir : les parents, souvent en grandes difficultés, les éducateurs, la justice et ses représentants, l'aide sociale à l'enfance, les infirmiers, les enseignants, les médecins et les infirmières scolaires, et bien d'autres

1. Delion P., *Soigner la personne psychotique*, Dunod, 2005.

que je ne peux tous citer ici. Ainsi, plusieurs personnes peuvent contribuer à ce que, autour de l'enfant qui pose problème, se mette en place une « constellation transférentielle ». Il est donc utile de réfléchir au dispositif que cela nécessite plutôt que de se restreindre à la seule psychothérapie individuelle dans un premier temps. À cet effet, les multiples concepts mis au jour par le mouvement de psychothérapie institutionnelle et ses fondateurs (Tosquelles, Oury, Torrubia...) sont précisément intéressants. Grâce à cela, un séjour en établissement judiciaire (souvent mal nommé « institution » dans ce cas) à temps plus ou moins partiel, une prise en charge par une équipe dite de « secteur de pédopsychiatrie » ou d'un établissement médico-social, même s'ils sont des passages « obligés », peuvent se transformer en étape structurante pour l'enfant.

Pour ma part, j'ai souvent eu à faire à des enfants pouvant bénéficier de telles prises en charge institutionnelles. Mais mon expérience me montre – et on l'a vu tout au long de ce livre – qu'il ne peut pas y avoir de prise en charge type, valable pour tous, quel que soit le cas. Ainsi, pour Lino, ce petit garçon qui avait la bougeotte, elle a été individuelle et en ambulatoire ; pour Sylvester, il a fallu recourir à une hospitalisation en service de pédopsychiatrie ; et nous allons voir que, pour Marius, le soin s'organise encore d'une façon différente.

Mais pour eux, comme pour les autres, la psychothérapie est l'un des éléments de la prise en charge. Elle n'est pas le seul. Elle ne peut ni ne doit s'arroger la suprématie sur les autres approches complémentaires, qu'elles soient d'ordre social, éducatif ou juridique. Dès que le psychothérapeute apparaît en position dominante, il perd une partie de son apport bénéfique dans la constellation transférentielle en introduisant des clivages, des rivalités, des pathologies iatrogènes qui diminuent les effets du travail effectué. Cette humilité nécessaire à l'exercice de la psychothérapie a grand besoin d'être rappelée, surtout que son absence me semble être pour une part à l'origine des critiques féroces dont elle est l'objet aujourd'hui.

Il est, par exemple, impossible de faire l'impasse sur les contingences sociales, hélas trop souvent traitées avec condescendance. Dans le cas de Sylvester, la question sociale avait une grande importance et ne pouvait être contournée. Si on n'en avait pas tenu compte, on aurait risqué d'invalider le travail psychothérapique, dans la mesure où il est aussi une exploration avec l'enfant de sa culture familiale.

Marius « a la haine »

Marius a neuf ans aujourd'hui. Très instable et destructeur, il se sent persécuté quand on le regarde dans les yeux, ce qui le conduit à tout casser et à agresser violemment ceux qui l'entourent. Son jeune instituteur a dit dernièrement : « Marius, il a la haine. »

Lorsque je le rencontre pour la première fois, il a à peine cinq ans. Il a déjà été renvoyé de deux écoles maternelles et ses parents sont à la recherche d'un établissement médico-éducatif. Après plusieurs consultations, je lui propose, en accord avec sa mère, une psychothérapie au rythme d'une séance hebdomadaire dans un premier temps. Après chaque séance, je suis obligé de ramasser dans un sac-poubelle les objets qu'il a pulvérisés et, sans bien savoir pourquoi, j'ai du mal à prendre des notes sur ce qui s'est passé avec lui. Je vois bientôt arriver le jour et l'heure de la séance avec une peur incoercible et je suis encore étonné, quelques années plus tard, de la force de ce sentiment d'alors.

Pourtant, nous instaurons un rythme de deux séances hebdomadaires. Mais, très rapidement, je me retrouve dans un état proche du *burn out*. Lors d'une réunion de supervision, je raconte un cauchemar : « Je vois Marius avec des yeux meurtriers et qui me transforment en… pierre. »

Nous réfléchissons à cette situation en équipe, avec d'autres soignants, et face à cette violence difficilement travaillable, nous proposons de pratiquer la technique du *packing*. Réimportée en France par Mickaël Woodburry, psychiatre et psychanalyste à Chesnut Lodge, aux États-Unis, elle consiste en des « enveloppements humides » qui réchauffent peu à peu le corps du patient, accompagné durant toute la séance par des soignants qui lui parlent, le touchent. Ses indications sont réservées en priorité à des enfants présentant de graves pathologies, des psychoses précoces par exemple, mais pour lesquels la psychothérapie semble néanmoins utile. Ainsi, pour Marius, les enveloppements permettaient de contenir sa violence, tandis que s'engageait un authentique travail psychothérapique en petit groupe, au rythme de trois séances par semaine.

Lors de la première année de traitement, au cours d'un entretien avec ses parents, nous apprenons les circonstances de la naissance de ce garçon. Alors qu'elle songeait à quitter son mari, alcoolique et violent, la mère de Marius avait rencontré un ami d'enfance et s'était bientôt retrouvée enceinte de celui-ci. À partir de ce travail avec les parents, et en résonance avec mon transfert négatif s'étant exprimé dans mon cauchemar, nous comprenons que, dès sa conception, Marius a eu une fonction : être, pour sa mère, le bouclier de Persée qui reflète le regard violent du mari et, ainsi, le pétrifie, à l'instar de Méduse, une des trois Gorgones. Je rappelle que Persée devait rapporter la tête de Méduse pour prouver son exploit et ainsi, éviter à Danaé, sa mère, de devenir l'épouse du tyran de Sériphos. Nous sommes donc là dans une problématique très différente de celle de l'Œdipe, puisqu'il s'agit pour le héros fondateur de Mycènes, de renforcer chez Danaé la fonction de mère au détriment de celle d'épouse – ce qui d'ailleurs, entraînera bien des catastrophes dans la descendance mycénienne.

Le statut de Marius oscillait ainsi entre celui d'objet partiel pour sa mère, terrorisée par son mari, quasi-bouclier dont elle s'était enceinte, et celui de sujet chargé de justifier la séparation entre les deux époux. Loin de favoriser l'émergence de son propre appareil psychique, cette terreur inscrite en lui semblait le condamner à projeter dans l'autre la peur incoercible dont il était porteur pour tenter de s'en débarrasser. Ce mécanisme psychique complexe – l'identification projective pathologique – est spécifique des pathologies psychotiques. Et c'est très vite, à partir de nos premières rencontres, ce qui avait déclenché chez moi ces réactions contretransférentielles, à la fois conscientes – la peur de la prochaine séance – et inconscientes – le cauchemar des yeux meurtriers.

Secondairement, le vécu de dépression des soignants comme expérience partagée dans le transfert, et les aidant à contenir ensemble l'image du corps dissociée de Marius, a permis à celui-ci de vérifier la solidité de notre dispositif. Le travail avec ses parents les associant progressivement à cette solidité, Marius a pu introjecter un fond solide sur lequel bâtir sa propre identité.

Au cours des séances de psychothérapie, il raconte avec une tonalité mélancolique : « Quand je serai grand, j'aurai une femme et des enfants et aussi un cheval ; je vivrai sur une île, et je ne vous verrai plus très souvent, en tout cas moins souvent que mes parents, et, moi, je serai très gentil avec mes enfants. »

La possibilité de déposer ses objets internes dans notre psyché sans la briser lui permet désormais d'expérimenter une altérité moins dangereuse ; l'énonciation nostalgique de projets personnels dans un futur enfin possible est le signe d'une ébauche de constitution d'un appareil psychique subjectal qui le fait passer du statut d'objet de sa mère à celui de sujet possible de son histoire à venir ; la nostalgie indique un passage par la position dépressive. À ce propos, un épisode marquant a précédé le départ de Marius en colonie sanitaire de quinze jours, seule séparation annuelle avec ses parents. Cela se passe un dimanche matin ; Marius est très agité et violent avec son frère puîné et sa petite sœur ; il les agresse avec les couverts du petit déjeuner qu'ils sont en train de partager tant bien que mal ; la maman intervient, lui dit que c'est insupportable et qu'il n'a pas le droit de faire mal à son frère et à sa sœur. Marius n'entend pas ses paroles et redouble de violence, jusqu'à ce que son père soit obligé de le monter de force dans sa chambre. Marius pleure, hurle, crie et l'injurie mais son père referme la porte. N'y tenant plus, la maman monte bientôt et trouve son fils qui, entre deux sanglots, lui demande en hoquetant s'il peut lui faire un câlin. Elle le prend contre elle ; en pleurant, il dit : « Pourquoi je n'y arrive pas, maman, à le retenir, l'autre Marius qui est méchant, j'arrive pas à l'empêcher », ce qui provoque les larmes de sa mère. Quand Marius revient enfin à la cuisine, il tente de se faire pardonner par son frère et sa sœur, mais l'enthousiasme espéré n'est pas au rendez-vous.

Lorsque nous reprenons cette scène au retour de vacances, la maman pleure à nouveau, parce que, dit-elle, elle a été débordée par la lucidité de son fils, et aussi par sa dépression. Elle me demande si, dans la thérapie, nous travaillons avec les personnages du méchant Marius et de l'autre Marius, qui se laisse déborder par le premier. Elle précise que c'est lui-même qui lui en a parlé de la sorte, ce qui montre que Marius utilise avec sa mère les matériaux interprétatifs des séances.

Cela me fait singulièrement penser à ce qui, dans la religion hébraïque, se nomme le rituel de la ligature, en souvenir des rapports singuliers entre Abraham et son fils peu avant le sacrifice : « Père, attache-moi bien serré parce que je suis vigoureux et que je pourrais me détacher. » Comme il y a deux Marius, il y a deux Isaac : celui qui est en accord avec la fonction paternelle, accepte de se soumettre, et l'homme pulsionnel, celui qui pourrait ne pas supporter un lien qui l'entrave et pourrait même déborder par la force toute la bonne volonté qu'il déploie par ailleurs pour être en conformité avec le désir du père. Nous voyons donc bien là la fonction du lien « en vrai », sans représentation possible. Dans l'histoire de Marius, c'est le travail sur sa violence et sur ses effets dans le transfert qui rend possible une proposition de cadre psychothérapique suffisamment solide. Sans cela, entreprendre une telle aventure et la tenir dans la durée reste aléatoire.

Mais le dispositif psychothérapique a ici été relayé utilement par deux éléments essentiels : le recours au groupe de supervision dans lequel Salomon Resnik, grand psychanalyste argentin à la pensée très féconde, est intervenu régulièrement, et l'organisation institutionnelle de la continuité du soin, puisque Marius était pris en charge par ailleurs, sur le plan éducatif, par un établissement médico-social avec lequel il a fallu se rencontrer souvent pour « tenir ensemble ». Ces deux éléments, les soignants d'une part, les éducateurs d'autre part, fonctionnent comme réceptacles psychiques spécifiques des projections de Marius, et sont dotés, en outre, des capacités de transformation de sa violence.

Le premier est garant de l'élaboration de la psychothérapie, et c'est dans ce groupe, où les soignants décodent au fur et à mesure les expériences partagées avec les patients dans le cadre de la relation thérapeutique, que nous pouvons comprendre peu à peu comment la violence actuelle de Marius est un élément de son histoire familiale et personnelle. Son corps met en scène son histoire à son insu, et le travail psychothérapique démêle les différents fils d'Ariane qui la constituent. La constellation transférentielle des soignants en rassemble les personnages dans une sorte de psychodrame et, grâce à ce dispositif, Marius devient le metteur en scène de sa propre dramaturgie.

L'organisation institutionnelle a été précieuse à plusieurs niveaux. Celui de la qualité de la vie quotidienne de ce garçon quand, du fait de la violence, elle aurait pu être placée sous la seule loi du Talion ; et celui des liens entretenus avec les partenaires de l'établissement médico-social. Sans les rencontres régulières entre eux et nous, cette aventure aurait été vouée à l'échec. En effet, les mécanismes d'identification projective pathologique favorisent les clivages entre les personnes, mais encore davantage entre les équipes et, face à des patients porteurs de psychopathologies complexes, il n'est pas rare que certaines se déchirent inutilement, toujours au détriment des patients. Mieux vaut considérer les deux équipes comme les parties d'un même ensemble et essayer de comprendre comment, dans sa mise en scène inconsciente, l'enfant les utilise comme autant de personnages de son histoire. C'est pourquoi la qualité des relations entre ces deux équipes gagne beaucoup à être l'objet de nos préoccupations institutionnelles.

Mais c'est aussi l'alliance thérapeutique avec les parents qui va permettre que le transfert de l'enfant s'établisse ; dans la nature de ce transfert on va pouvoir repérer la nature de la problématique inconsciente de Marius, sans cesse actualisée par des comportements de violence sur des objets et des personnes. Sans cette alliance avec les parents, même si on avait pu comprendre le rôle de l'enfant comme bras séculier du fantasme maternel d'avoir à se défendre contre le danger d'un mari alcoolique et violent, cette compréhension aurait eu beaucoup moins de portée réorganisatrice.

Mais il aura fallu que quelques soignants acceptent de tenter l'aventure avec Marius, en revivant avec lui les difficiles étapes de sa trajectoire, pour qu'une lecture transférentielle en soit possible dans le cadre de sa psychothérapie. La démarche était d'autant moins aisée que ce trouble grave des conduites ne pouvait faire l'économie de sa violence pour être entendu, au risque de déborder les forces vives d'une équipe.

Dans le cadre du contre-transfert, le corps de l'autre va inévitablement être sollicité violemment. Le corps des acteurs de l'institution, puis leur image du corps vont ainsi devenir une surface d'inscription de cette violence, un peu comme dans *La Colonie pénitentiaire* de Kafka, où la loi transgressée par le délinquant est inscrite dans sa chair même. C'est seulement en travaillant sur la fonction des soignants que du sens va pouvoir émerger en réponse à la violence.

C'est pourquoi dans mon expérience, à côté des différents groupes de supervision destinés aux soignants prenant en charge des enfants en grandes difficultés psychopathologiques, il nous est apparu essentiel de réfléchir à une organisation du « collectif ». Cette « machine abstraite qui élabore la loi du groupe », comme le définit J. Oury, rend possible la prise en compte de tous ces éléments, favorisant la position des soignants en tant que sujets responsables de leur engagement thérapeutique. L'autogestion relative des soignants après « appropriation de leurs moyens de production... du soin » a été la principale innovation de notre équipe – ce qui ne facilite pas toujours, il faut bien l'avouer, mes relations avec la hiérarchie hospitalière... Mais, en tant que soignant, et quel que soit son statut, toute la problématique est de savoir comment faire avec sa propre violence, sans déboucher sur le sadisme ou l'humiliation de l'enfant. Cette problématique, déjà évoquée à propos de l'autorité parentale, peut être transposée dans le champ des institutions. Cela pose alors la difficile question du « contre-transfert institutionnel » (F. Tosquelles) et celle des espaces de dérivation et de sublimation des soignants. Il s'agit de pouvoir travailler dans le collectif la notion de fonction paternelle, de telle manière que cette « possibilisation » (terme de Henri Maldiney) soit effective et non pas supposée ; nous avons déjà vu que cela nécessite un dispositif d'équipe qui rende possible les initiatives des soignants, et notamment leurs prises de positions dans telle ou telle fonction soignante, comme fonction paternelle ou comme fonction maternelle ou comme autre fonction dans le contre-transfert.

Si je conclus cet ouvrage par une telle histoire clinique, c'est bien pour montrer que la psychothérapie avec un enfant ne résulte pas, loin s'en faut, d'un dispositif standard qu'il suffirait d'appliquer sans se poser de questions chaque fois. Voilà pourquoi les psychothérapeutes de référence freudienne mettent toujours en avant la notion de singularité. Dans la pratique, elle est notre lot quotidien ; et chaque rencontre avec un enfant est l'occasion de fabriquer avec lui un nouveau dispositif pour l'accueillir et le traiter.

Fort heureusement, les Marius ne sont pas légion, mais il me semblait important de montrer que, comme Lino, Sylvester et beaucoup d'autres, ils ont droit eux aussi à un aménagement du cadre de la prise en charge, dans lequel leurs symptômes vont venir prendre forme et sens, et, peut-être, trouver à se résoudre. La psychothérapie n'a pas d'autres objectifs.

Conclusion

Éloge de la complexité

Le symptôme ne peut se réduire, loin s'en faut, à son apparence. Si l'on veut aider l'enfant dans sa quête vitale, il est impératif d'entreprendre un travail d'élucidation de ce que le symptôme révèle et cache tout à la fois. De mon point de vue, il est un appel à l'aide auquel notre éthique requiert de répondre. Mais pour que cette réponse soit cohérente, nous devons éviter deux pièges : la prédiction, forme moderne de la prophétie, et le fatalisme, forme dépressive de l'inaction. La première, parce qu'elle englobe sous la raison statistique la prévision du destin de l'enfant ; elle transforme en certitude annoncée ce qui n'est qu'une possibilité si on ne fait rien et prive l'enfant de sa capacité à changer, grâce notamment aux actions conjuguées de ses parents et de son ou ses thérapeutes, pour ne citer qu'eux. Le second, parce qu'il se résume au travail de diagnostic et fait abstraction de son corollaire obligé, la thérapeutique qui, elle, peut initier une sortie de la fatalité et un changement de perspective pour l'enfant.

Pour échapper à ces écueils, il y a lieu de prendre en considération tous les paramètres pouvant peser sur ces changements attendus. Nous ne pouvons plus penser dans un climat de manichéisme prévalent. Il est essentiel d'insister sur la complexité de toute approche de la relation humaine – sous toutes ses facettes : éducative, pédagogique, thérapeutique, professionnelle... – et de ses différents niveaux épistémologiques, théoriques et pratiques. Aujourd'hui, penser la relation médicale et l'une de ses occurrences en pédopsychiatrie, les relations « transféro-contre-transférentielles » – y compris institutionnelles – ne peut plus se simplifier : seule la complexité peut tenter de rendre compte des équations à l'œuvre dans de telles problématiques.

Si, sur le plan épistémologique, Edgar Morin a inventé le concept de complexité, c'est pour décrire au plus près de son champ anthropologique ce que ses recherches faisaient apparaître en matière d'hypothèses de travail. Le concept, qui venait à son heure, a été repris de multiples façons et, aujourd'hui, il rime avec tout ce qui concourt à traiter de l'humain. La complexité est devenue, selon ses dires, le paradigme de la nature humaine. Ces avancées majeures du XXe siècle permettent désormais de penser de manière théorique les articulations à créer entre les champs scientifiques, médicaux et psychothérapiques, pour ce qui nous concerne. Il s'agit de fabriquer des ponts entre ces contrées pour qu'aux îlots de connaissances antérieurs vienne succéder un archipel représentant en quelque sorte les nouvelles cartographies de la pensée contemporaine. Mais si cela a tellement d'importance, c'est aussi parce que cela peut avoir des implications pratiques : consultations conjointes, prescriptions mixtes associant plusieurs modes de prises en charge, complémentarités entre spécialités médicales sous l'égide des parents, et autres inventions qui renvoient les querelles inutiles et vaines à autant de nuits perdues de modernes Saint-Barthélemy... Puisse ce modeste ouvrage permettre de contribuer à l'édification de tels projets du « penser-ensemble ».

Tous mes remerciements vont à Pascale Leroy et à Mathilde Nobécourt sans qui ce travail n'aurait pas abouti.

Table

DU MÊME AUTEUR

L'Enfant hyperactif : qu'en penser aujourd'hui ?, Yapaka, 2006.
Soigner la personne psychotique, Dunod, 2005.
La Musique de l'enfance, éd. du Champ social, 2000.
L'Enfant autiste, le Bébé et la Sémiotique, P.U.F., 2000.
Le Packing avec les enfants autistes, Érès, 1997.
Séminaire sur l'autisme et la psychose infantile, Érès, 1997.
Prendre un enfant psychotique par la main, Matrice, 1992.
Psychose toujours, Scarabée, 1984.

Avec Bernard Golse :

Autisme : état des lieux et horizons, Érès/Carnet psy, 2005.

Sous la direction de Pierre Delion :

La Pratique du packing, Érès 2007.
La Chronicité en psychiatrie, Érès, 2004.
Intérêt de l'observation des bébés selon Esther Bick en pédopsychiatrie, Érès, 2004.
Bébés agressifs, bébés agressés, Érès, 2003.
La Souffrance psychique du bébé, ESF, 2002.
Corps, psychose et institution, Érès, 2001.
Le Bébé et ses institutions, Érès, 2001.
L'Autisme et la Psychose à travers les âges, Érès, 2000.
Psychose et vie quotidienne, Érès, 1998.
Les Bébés à risque autistique, Érès, 1998.
Actualité de la psychothérapie institutionnelle, Matrice, 1994.

CHEZ LE MÊME ÉDITEUR

Claude Allard
L'enfant au siècle des images

Gérard Bonnet
Défi à la pudeur. Quand la pornographie devient l'initiation sexuelle des jeunes

Elsa Cayat et Antonio Fischetti
Le désir et la putain. Les enjeux cachés de la sexualité masculine

Patrick Clervoy
Le syndrome de Lazare. Traumatisme psychique et destinée

Patrick Delaroche
La peur de guérir

Fernando Geberovich
No satisfaction. Psychanalyse du toxicomane

Alain Gérard
Du bon usage des psychotropes : le médecin, le patient et les médicaments

Roland Gori et Pierre Le Coz
L'empire des coachs. Une nouvelle forme de contrôle social

Jean-Michel Hirt
L'insolence de l'amour. Fictions de la vie sexuelle

Ouvrages collectifs dir. par Patrice Huerre et François Marty
Cannabis et adolescence. Les liaisons dangereuses

Alcool et adolescence. Jeunes en quête d'ivresse

Jean-Marie Jadin
Côté divan, côté fauteuil. Le psychanalyste à l'œuvre

Daniel Marcelli
La surprise, chatouille de l'âme

L'enfant, chef de famille

Les yeux dans les yeux, l'énigme du regard

Xavier Pommereau
Ado à fleur de peau

Xavier Pommereau
et Jean-Philippe de Tonnac
Le mystère de l'anorexie

Serge Tisseron
Comment Hitchcock m'a guéri :
que cherchons-nous dans les images ?

Vérités et mensonges de nos émotions

Virtuel, mon amour.
Penser, aimer, souffrir à l'ère des nouvelles technologies

Composition Nord Compo
Impression Bussière, janvier 2008
Éditions Albin Michel
22, rue Huyghens, 75014 Paris
www.albin-michel.fr
ISBN 978-2-226-18078-0
N° d'édition : 25731. – N° d'impression : 074265/4.
Dépôt légal : février 2008.
Imprimé en France.